仏像の光と闇

歴史の裏にある
先人の〝戦略〟

宮澤やすみ

水王舎

仏像の光と闇

目次

終章 「教科書通り」は要らない。仏像観の多様化

序章

「呪いの装置」としての仏像

人々の心に潜む「呪い」

今や硬軟とりまぜてたくさんの仏像本があり、多くの人が仏像に興味を持つ時代となりました。本書では、初心者でも分かるよう基本をおさらいして、仏像の歴史をたどっていきますが、世に出ている入門本と異なる点があります。

それは、本書の全体を通じて「呪い」という言葉がキーワードとなっている点です。

「呪い」と言うと、現代の私たちは迷信めいた非現実的なものと捉えます。しかし、古代の人たちにとって「呪い」は非常に現実味のある実用的な手段であったようです。藁人形に釘を打つといった個人的な呪いだけでなく、神との通信をもたらす呪術まで幅広い呪いのかたちがあります。

個人的な妬み恨みが呪いの行動に駆り立てることもあり、藁人形を使った「丑の刻参り」のような作法が編み出されます。これを迷信と打ち捨ててしまえればよいのですが、なかなかそうもいかない。人間は多かれ少なかれ、呪いの心を持って生きているものです。生きていくうえで、誰かを妬むとか、嫌悪するといった心のダークサイドは誰にでもあります。これは現代も古代も変わらないと思います。誰もが感じたことのある共通認識だからこそ、「呪い」は社会に根強くはびこっています。

呪われる側の行動も重要です。当時も薬草などはあったでしょうが、病気が治らない時「これは何かの呪いかも」と思い、過去に何かうしろめたいことがあればなおさら、「あの時アイツにした仕打ちのせいか」などと、具体的な呪いの疑念が見えてくる。それを払しょくするためにさまざまな祈祷やまじないをします。こうした具体的な行為[註1]をすることで、人は安心を手に入れるわけです。

仏像は「呪いの装置」である

これが個人レベルのみならず、国家レベルにも同じことが言えるわけです。災害や反乱などで世が乱れる時、古代国家はその元凶を「呪い」に求めました。人智を超えた何かが国を乱している。荒ぶる神の怒りか、それとも蹴落とされた政敵の怨霊なのか。いずれにしても、状況を打破するために求められたのは、「呪い」を払しょくするパフォーマンスです。古代には祭祀の代表者である天皇が、

註1　小松和彦氏は著書『日本の呪い』（光文社）の中でこれを「呪いのパフォーマンス」と呼んでいる。

後には呪術に長けた密教僧などがこれを執り行いました。

こうした「呪いのパフォーマンス」で必要とされたのが、仏像です。敵を倒すために仏像に呪いを込めたり、神の怒りを封じるための防御策として仏像を安置したり、仏像は呪いに対する攻撃と防御の両方を担う「装置」であったと言えます。このことから、仏像はいわば「呪いの装置」である、という言い方ができると思います。ちょっと飛躍するかもしれませんが、たとえば現代の核兵器、もしくはミサイル迎撃装置のような存在に近いのかもしれません。

いにしえの人にとって切実な存在であった仏像。それが日本の国でどう運用されてきたか。そこが本書の主眼です。仏像の「造り方」の本はあっても、造られた後の「運用」に目を向けた本は少ないのではないでしょうか。

仏像は、仏教だけでは分からない

さらに、本書のベースに流れる考え方は、ここです。

仏像は、もちろん仏教に基づく尊格を造形化したものですが、ひとたび人間の眼前に立体として存在すると、仏教のプロである僧侶ではない人々も接することになる。そうすると、人の想いの変化によって独自解釈がなされたり、日本古来の八百万の神と習合したり、中国の陰陽五行説と結びついたり、さまざまな解釈がなされます。そして、こうした仏教以外の思想と結びついた独自の尊格を仏像として造ることもあります。

プロでない一般の貴族や民衆にしてみれば、功徳つまりご利益を得るには「使えるものは何でも利用する」というのが自然な考え方でしょう。〝神様、仏様〟と祈りを捧げ、人智の及ばない神秘の力で、暮らしをより良くしてもらおうとするほど、仏像への解釈は際限なく広がり、いろいろな要素がぐちゃぐちゃに混ざっていったのです。

その独自の解釈によって仏像はまさに「運用」されていきます。

絶大な力を発するとされる仏像が、人間の運用法によっては恐ろしい呪いの武器になることもあったようです。仏像を、恵みをもたらす善神ととるか、敵を呪い殺す魔神とするか、それは人間次第というわけです。ここにも、現代の核や兵器に通じる教訓があるように思います。

前置きが長くなりましたが、次章からいよいよそのあたりの「闇」に少しずつ踏み込んでいきたいと思います。

第1章

仏像の役割、闇の用途

「仏像って何?」と聞かれたら

さてみなさん、いきなり闇の話に進む前に、まずは仏像のキホンを、ごく簡単におさらいしておきましょう。

すでにお詳しい方で、先を急ぐ方はこのへんは飛ばしていただいてもかまいません。しかし、今一度おさらいしてみると意外と知らなかったり、間違って覚えていたなんてこともあるかもしれません。ちょっとお付き合いください。

みなさんのお友達で、仏像をまったく知らない人がいるとして、その人が「仏像って何なの?」と聞いてきた時、どう答えればいいでしょうか?

私は以前、友人から「仏像はほとけの像だから、みんな死んでるの?」と聞かれ、返答に困ったことがありました。そこから、世間一般の人にもすんなり分かる「仏像」の説明を考えるようになりました。

世の中、仏教に接するのは葬式くらいという人も多いものです。そういう人が、「ほとけ」を「死んだ人」のことだと解釈しても不思議はないかもしれません。つまり、仏像を「ほとけの像」と定義すると、「ほとけ」の解釈がさまざまで、話がややこしくなってしまいます。

仏像と言っても、いろんな姿がありますよね。下の絵に並べましたが、旅先で見たことがある姿はありますか？

まずは誰でも修学旅行で見たような、パンチパーマで貫禄たっぷりに座る、いわゆる大仏さんの姿があったりします。かと思えば、スマートでクールな顔立ち、きらびやかなアクセサリーや冠を身に着けた王子の姿もある。いっぽう、甲冑を着け武器を持つ勇壮な姿や、怖い顔をして腕が何本もあったり顔がいくつもあったり、おどろおどろしい姿もありますね。

これらがぜんぶ「仏像」です。

こんなに多種多様な尊像があるのですが、これらはすべて、仏教の経典に登場するキャラクターなのです。経典は、平たくいうとさまざまなキャラクターが語る物語になっていて、そこに登場するものたちには、立派なものもいれば、悪者もいる（ただし後で改心する）。男もいれば女もいて、その間でけんかもあったりする。そんなたくさんのキャラクターを立体造形で表したものが「仏像」です。

ですから、初心者のお友達には、仏像とは仏教経典に登場するキャラクターの

出典：『仏像にインタビュー』
（宮澤やすみ文・絵 実業之日本社）

像。もっと短くいうなら、「仏教の像」と答えておくのがおすすめです。

1 仏像の主役たち「如来」「菩薩」

ほとけ＝「如来」

仏像を知る第一歩は、仏（ほとけ）の分類です。

仏像は「仏教の像」であり、その中には善悪いろいろ雑多なキャラクターがいるとお話ししました。

その中で、仏教で言う「悟り」を完全に開いた尊格（キャラクター）のことを**「如来《にょらい》」**と言います。ですから、厳密な意味では「ほとけ」というのは如来だけであり、このあと紹介する他の尊格は、まだその域に達していないのだ、とひとまずご理解ください。如来＝仏は、仏教の世界での最終到達地点です。仏教の仏《ぶっ》は如来のこと。如来に近づいて、如来の教えを聞くのが仏教徒の目的と言ってよいでしょう。

このへんの話題は、かいつまんで、平たくお話ししています。というのは、これ以上いくと「仏教とは何たるものか」という、一生かけても解けないような壮大な問題になってしまい、この本の趣旨から離れてしまいます。そこは宗教講座の先生や仏教のプロ（僧侶）におまかせして、我々は仏像の方の勉強に進みましょう。

さて、如来にもいろいろございます。まずは基本の三仏をご紹介しましょう。**「釈迦如来」「薬師如来」「阿弥陀如来」**です。

ほとんど同じ姿なのですが、それぞれのキャラクターはかなりちがいます。見分けるポイントは手にあります。

釈迦如来は、仏像の基本中の基本。完全な悟りを経た後の釈迦をモデルにして造られました。右手は怖れを取り除く**施無畏印**《せむいいん》、左手は功徳を与える**与願印**《よがんいん》という印（手つき）を結んでいます。

薬師如来は、左手に薬壺を持っている（例外もあります）。文字通り、薬で病気を治してくれるというのが主な特徴ですが、じつはそれだけではない、というのが本書の主眼です。詳しくはあとでお話しします。東の果てに、「薬師瑠璃光《るりこう》

如来の例：薬師如来（フィギュア）
提供：イスム

浄土」という浄土（仏の国）を持っていて、そこの主とされます。

阿弥陀如来は、手の指を曲げて「ＯＫ」の形のようにしています。これで見分けがつきます。極楽浄土の主として知られますよね。極楽浄土は西の果てにあります。

あと押さえておきたい如来は、まずルシャナ仏。正式には「**毘盧遮那《びるしゃな》如来**」と言います。さきほどの三如来よりも格上で、仏の世界の中で頂点に君臨する、仏教宇宙の頂点にいる仏とされます。あの奈良の大仏がこの如来です。奈良の都に置いて、国の中心となったわけです。

奈良の時代から少し経つと、この毘盧遮那如来がバージョンアップした姿が伝わってきます。それが**大日如来**。基本的な意味合いは毘盧遮那如来と同じですが、姿は宝冠や胸飾りなどできらびやかに装飾され、ほかの如来とまったくちがう様相です。平安時代に伝わった**密教**（真言宗、天台宗）の根本仏としてあちこちの寺院に祀られます。

仏像界の人気者たち「菩薩」

そして、次に押さえておきたいのが「菩薩」。こちらは如来になるために現在修行中の身、といった設定です。姿としては、釈迦が王子様だったころの姿をモデルにしているので、髪の毛を高く結い上げ、きらびやかな装身具で飾ります。イケメンだったり女性的な感じにも造られますね。

菩薩の代表といえばやはり**観音菩薩**。衆生（一般の人間たち）が助けを求める声を聞いて、すぐに助けにやってくる、といったコンセプトです。観音菩薩はさまざまに変化《へんげ》するのも特徴で、たとえば**十一面観音菩薩**（あらゆる方向に顔を向けて衆生の声を聞く）、**千手観音菩薩**（千の手ですべての衆生を救う）は有名ですよね。ほかにも、**不空羂索《ふくうけんじゃく》観音菩薩**はこの本では重要な菩薩です。羂索（けんじゃく、けんさくと読みます）というのは縄のことで、投げ縄のように使って衆生を救い上げるとされます。「不空」は「空しくない」という意味ですから、もれなく衆生を救い上げるということです。むずかしい名前ですが、このあとの話で何度も登場します。写真もあとでお見せしましょう。あとは**馬頭観音菩薩**

（馬のように煩悩を食いつくす）、**如意輪観音菩薩**（6本腕であらゆる世界の衆生を救う）、**准胝観音菩薩**《じゅんていかんのんぼさつ》（母の慈悲を象徴した菩薩）といった変化観音《へんげかんのん》が知られています。

観音と同じくらい有名で人気なのが**弥勒菩薩**。右手の指先を頬に当てて、考えるポーズをしている姿が有名ですね。あれは、衆生を救うことを考えている「思惟《しゆい》」というポーズです。じつは弥勒菩薩が考えごとをしているのは、兜率天《とそつてん》という仏の世界の中なので、まだ人間の世界に来てはくれません。

弥勒菩薩が考えごとをしている間、人間の世界に踏み込んで救ってくれるとされるのが、**地蔵菩薩**。人間世界になじみ深い、お坊さんの姿（僧形）をしています。とはいえ、特別な杖である錫杖《しゃくじょう》や、功徳を与えるという如意宝珠を持つところが、菩薩らしい姿です。

ほかによく知られた菩薩では、勉強熱心で智慧によって人を救う「仏像界のインテリ」**文殊菩薩**、女人救済などで人気の**普賢菩薩**などありますね。如来の脇に控える「脇侍（きょうじ、わきじ）」としてもお寺でお目にかかります。薬師如来の左右には、**日光菩薩**、**月光菩薩**《がっこうぼさつ》。お二方とも美人の姿で造られます。阿弥陀如来の左右には、観音菩薩と**勢至菩薩**が位置します。

弥勒菩薩の例
提供：イスム

日光菩薩、月光菩薩の例
提供:イスム

今お話したのは、本当に入門的な話に過ぎないのですが、こうした聖なる仏たちを、実際の歴史の中で人間たちがどう「運用」してきたのか、そこがこの本の主題になります。そこには、仏像を「呪いの装置」として機能させてきた人間たちの欲望が色濃く見えてくるので、そうした「闇」の部分に、少しずつスポットを当てていきたいと思います。

現世利益が国家鎮護に転じる

こうしたよく知られる仏像の中で、いわゆる「呪いの装置」として使われたのは、薬師如来と観音菩薩です。

薬師如来は、病気平癒のご利益がメインと思われがちですが、じつはそれだけではありませんでした。

薬師如来のご利益を確認すると、12の項目があります（項目の名称は、さまざまな表記があり、一例を示しました）。

薬師如来の〝十二の大願〟

1　相好具足―身体から放つ光で皆が自分と同様の悟りを得る
2　光明照被―瑠璃のように光って皆の行いを成就させる
3　所求満足―知恵と方便で皆が縦横無尽に活動できるようにする
4　安立大乗―邪道を信仰する者を正しい仏道に導く
5　具戒清浄―戒律を保ち、三悪道（地獄、餓鬼、畜生道）に堕ちない
6　諸根具足―身体に障害のある人も障害が消え去る
7　除病安楽―病になっても病が取り除かれ心身ともに安楽になる
8　転女得仏―女性も男の姿に変わって成仏できるようになる
9　安立正見―煩悩にとらわれている人を救って正しい見解をもたらす
10　苦悩解脱―権力の重圧による災難や、苦悩から解放する
11　飽食安楽―飢えのために悪さをする人には食べ物を飽きるほどに食べさせる
12　美衣満足―貧しくて衣服が買えない人に衣服と装身具をほどこす

これらはどれも「**現世利益**」といって、この世で生きているうちに恩恵を受けることができるご利益のことを言います。

そして、もう一人の「現世利益」の代表格が観音菩薩です。

観音菩薩の存在とご利益を説く『**観音経**』というお経[註2]には、観音菩薩の名号を唱えると、火難水難に遭わないとか、具体的なご利益が列挙してあり、これも現世利益です。これに加えて、十一面や千手などの変化観音のお経ではご利益の項目が増えて、ますます信仰を集めていきます。

現世利益は、何も個人相手の利益に限りません。古代から中世の政権は、この現世利益を国の安泰のために活用した。それが「**国家鎮護**」です。ぜひこの国家鎮護という四字は覚えておいてください。

薬師如来の十二の大願を見ると、10番目の「苦悩解脱（除難解脱とも言います）」は、災難から解放されるという大願ですが、その災難の元は国や王の悪法にあり、それによって刑罰を与えられることを指しています。ですから、第十の大願を拡大解釈すれば、（敵）国の間違った政策から解放されるともとれます。解放するのは薬師如来であり、さらに言えば、薬師如来の像を設置した朝廷が苦悩解脱を実現するということになります。

その当時、どのように経典が解釈されたのか、その経緯は、浅学の私には到底分かり得ませんが、薬師如来の現世利益に、歴史の過程でいつのまにか国家鎮護の意味が付加されていったようです。

註2　大乗仏教の代表的な経典『法華経』の第25章にあたる「観世音菩薩普門品」が独立して読誦されるようになったもの。

日本、とくに奈良の朝廷は薬師如来の功徳で国を治めようとしました。だから今でも奈良には薬師如来がたくさんありますね。これは、病除けの目的ももちろんありますが、皇族の私的な病気平癒のためだけにこれほど大規模な寺院を建てるでしょうか。民衆へも、薬師如来の功徳を「おすそわけ」する意味もあったかもしれません。そして、現世の暮らしを安泰にする願い、それが国の安泰へと転じていったのかもしれません。

あとでまた解説しますが、奈良時代の**聖武天皇**は全国に**国分寺**の建立を指示しました。その寺の本尊は釈迦如来という記録がありますが、現在に伝わる像は薬師如来が多い。その理由は確定していませんが、やはり現世利益の看板を背負った如来の方が、受け入れられやすかったのでしょうか。

たとえば、福島や岩手には国宝指定の立派な薬師如来がいます。これは平安時代の初期に、**坂上田村麻呂**が蝦夷を平定したあと、さっそく設置されたものです。つまり、この東北の地まで、奈良や京都を拠点としたヤマト朝廷の勢力が及んだことを示すモニュメントの意味もあるわけです。朝廷にとって敵であった蝦夷を、薬師如来第十の大願「苦悩解脱」によって解放する。そんな解釈がなされたかもしれません。これで、蝦夷の地はヤマトのものになりました。

反乱分子を制圧する「怨敵調伏」

観音菩薩はどうでしょうか。菩薩は、如来の格下の尊格ではありますが、こちらも現世利益を代表する菩薩として、古くから信仰されました。さらに十一面、千手、不空羂索などの変化観音では、さらにご利益の項目が増え、貴族たち個人の祈りから国を背負った祈りへと、役割が増していったようです。

有名な例だと、**東大寺法華堂**（三月堂）の像。これは観音菩薩の中でも不空羂索観音という変化観音です。像高三メートル近く、威厳に溢れる体つきと幻想的な荘厳、表情は厳しく、切れ長の眼はとても恐ろしい印象です。観音様というと優しい慈悲をもたらすお方のはずですが、この方はすごく厳しいですね（宗教的な観点から言えば、この厳しさが慈悲の一側面となるのでしょう）。

この像は、一説には、奈良時代に起きた反乱を制圧するために造られたと言われています。天平12年（740）、**藤原広嗣**が奈良の朝廷に反抗して挙兵。もちろん実際には朝廷軍が対応しますが、都では観音菩薩の仏像を造って、その仏像の力を用いて、反乱の鎮圧に役立てようという作戦に出たという話です。つま

不空羂索観音　東大寺 蔵　©共同通信社／アマナイメージズ

乾漆造　天平時代　インドの狩猟や漁業の神がルーツともいわれ、肩に鹿の皮を掛けることから「鹿皮観音」の異名もある。左手（下から二番目、天衣がかかる腕）に羂索をもつ。

り、不空羂索観音の国家鎮護のパワーをもって、藤原広嗣を呪い殺すという策に出た。まさに仏像が「呪いの装置」として運用された例であると、私は解釈しています。

そもそも仏法や悟りを阻害する存在は「魔物」であり、それを仏像は打ち砕きます。これを「**調伏**」とか「**降伏**」と言います。読み方は「ちょうぶく」「ごうぶく」と濁ります。仏像が武器を持つのはそのためです。

現実世界のヤマト朝廷は、（ちょっと大げさな言い方をすると）反乱分子を「魔物」と見立て、それを殺すのに仏像を使った。そして敵を「調伏」するのでした。これを「**怨敵調伏**《おんてきちょうぶく》」という四文字熟語で言うことがあります。

先の「国家鎮護」そして「怨敵調伏」、この二つのキーワードをぜひ覚えておきましょう。

2 荒ぶる神か、慈悲の仏か？「天」「明王」

巷にあふれる仏像本では、仏像の分類として、如来、菩薩、明王、天と分類して、ヒエラルキーがあると解説します。ただし、明王は仏教の歴史のなかでは後発のキャラクターなので、まずは天から整理すると分かりやすいと思います。

なお、天を「天部」と呼ぶことが多いですが、これは「如来部」「菩薩部」「明王部」に対する呼び方なので、ほかに「部」がつかない場合は「天」のほうが正確です。といいながら、一般的な書籍ではあいまいになっていますから、そんなに目くじら立てることもないでしょう。

仏教世界に住む守護神・天

ひとくちに言って、天はインド神話に登場する神々のことです。

こうした神々が、仏教の世界に取り入れられて、仏法の守護神として活躍す

天の例：毘沙門天
願成就院 蔵

る、という設定になっています。仏教の世界観では、世界の中心に「**須弥山**《しゅみせん》」という大きな山がそびえたっているとされます。その中腹から山頂、さらにその上空まで階層化されていて、それぞれ固有の尊格が住んでいるとされます。この階層にそれぞれ「●●天」という名称が付けられているので、仏像の天のほうを天部と呼んで混乱をさけるようになっているわけです。人間は須弥山の下に広がる海の上の小さな島にいるとされます。

守護神の代表格は「**四天王**」がいます。仏像が並ぶ檀の四隅に立ち、武装して威嚇するようなポーズをとります。武装するのは、仏法を邪魔する魔物（煩悩と言い換えてもよいでしょう）を退散させるためです。4人の守護神が集まって四天王ですが、それぞれ、檀の前方の向かって右から時計回りに、**持国天**《じこくてん》、**増長天**《ぞうちょうてん》、**広目天**《こうもくてん》、**多聞天**《たもんてん》と言います。

四天王がいるのは須弥山の下の方で「四大王衆天」もしくは「下天《げてん》」と呼ばれます。

ちなみに、この下天での一日は、人間世界での50年に相当するとされます。織田信長の本能寺の変で有名な「人間五十年、下天のうちを比ぶれば夢幻のごとくなり」という謡曲は、四天王の住む下天のことを言っているのですが、多くの人が「当時の人の寿命は五十年だった」と誤解しているようですね。「人生五十年」ではなく「人間五十年」というところに注目してみると、須弥山のことを言っているのだと分かります。

インド神話の二面性

この四天王の上司にあたるのが**帝釈天**《たいしゃくてん》です。須弥山の頂上、忉利天《とうりてん》に住むとされます。インド神話の世界でも最強の神とされ、雷を自在に操るそうです。もう一人の重要な神・**梵天**と並んで、原始仏教の時代から釈迦を補佐する役として登場します。京都・東寺にある像は「イケメン仏像」の代表格として仏像ファンの間で大変有名で、女性ファンがとても多いです。

天は神話の神々ですから、良いこともすれば悪さもする。人々に恵みをもたらす半面、女性にいたずらしたり、時には世界を破滅させたりもする。とくにインド神話では神々の大戦争も描写されて、なかなか血なまぐさく、かつエロティックな世界が描かれます。

帝釈天のセクハラ大戦争

じつは帝釈天もこうした神話のエピソードに事欠かない存在で、中でも女好きのエピソードが多いのです。

千人もの美女をたぶらかした罰として全身に女性の陰部がつけられたと言い、釈迦に懺悔したところそれが目に変わって、以来ものごとがよく見えるようになったとか。現代の感覚からすれば何ともひどい話ですが、ともかくそんなエピソードがあり、その目の名残が、額に開いた第三の眼なのです。東寺の像は非常に端正な顔立ちで、額の眼がカッコいいのですが、こうしたエピソードを知ってしまうとちょっと滑稽でもあります。

ほかにも、インド神のライバルであった**阿修羅**一族の娘をこれまたかどわかして無理やり后にしたことが発端で、阿修羅との大戦争になる。そして、きっかけを作った方の帝釈天が勝ってしまうという、これまた現代の感覚からするとおかしな話もあります。

ちなみに、阿修羅はこれで戦争の神となって地下世界に堕ち、そこが「修羅道」という争いが絶えない世界となります。勝利にこだわりすぎた阿修羅は、こだわること＝「執着《しゅうじゃく》」という煩悩によって、堕ちてしまったと解釈されます。なかなか考えさせられる話です。手前みそですが、このエピソードを歌にしたのが私の『Ash-La La La』という楽曲です。

帝釈天　東寺 蔵
提供：便利堂

女神としての天

天は神話の神々なので、男女の区別がはっきりあります。

奈良の秋篠寺にいる有名な女神・**伎芸天**は、文字の通り、芸能の神として信仰されます。優しい微笑で人々を癒す仏像でとてもファンが多い仏像です。

こんなふうに、表情や官能的な姿で人々を魅了するのが女性天部の特徴です。代表格は**吉祥天**と**弁才天**です。

吉祥天は、インド神話ではラクシュミーという名前で福徳をもたらす神として信仰されます。仏教では「**吉祥悔過**《きっしょうけか》」という法要の本尊になり、人々の行いの懺悔を受け入れるような役目を担います。

弁才天は、インド神話ではサラスヴァティーという川の神で、豊穣をもたらすほか、弁舌、音楽の神としても有名です。弁才天は非常に複雑な性格があるので、あとでくわしくご紹介します。

僧と交わる女神・吉祥天

どちらの女神も、非常に美しく表現されますし、もっと言えばエロティックな女性美を感じさせます。吉祥天は、儀軌《ぎき》[註3]によると「色白にして十五の娘のごとく」と記述されるそうで、なにしろセクシーな姿に造られるのです。有名な京都府・**浄瑠璃寺**の像はなまめかしい柔肌の表現と、真っ赤な衣のコントラストが

註3　各種仏像の姿かたちを規定した書物。

官能的です。

こうした美意識は昔の時代でも同じだったようです。奈良時代に書かれた『**日本霊異記**』のエピソードを紹介しましょう。

——奈良で修行していた優婆塞《うばそく》（在家の修行者）が、仏殿の吉祥天に恋をしてしまった。ある日、彼が寝ていると夢に吉祥天が出てきて、あまりの美しさに戒を破って交わってしまった。誰にも知られなかったと思ったら、「ある証拠」が残っていてばれてしまった。その証拠とは、吉祥天のまとう赤い衣に、男性の精液がべっとりとついていたのだという——

吉祥天　浄瑠璃寺 蔵

生々しい話ですが、これ、奈良時代のお話なんですよ。人間の煩悩の中で、もっとも消し難い煩悩が性欲なのだそうです。本来、煩悩を消滅させるはずの仏が、煩悩をかき乱すように見えますね。この話の本質は、消し難い性欲を実際の女性に向けるのではなく、仏が受け入れてくれたからありがたい、ということにあるようです。それに、衣に精液がついていたのだから、中には出していないというわけ。現代人からすると「?」という面もありますが、こんなエピソードが残っているのですね。

劣情を暴発させる天

ほかにも、エロスと暴虐のエピソードが見られる天がいます。**歓喜天**《かんぎてん》がそうです。別名、**聖天**《しょうてん》とも言われます。

歓喜天の姿は、人間の身体に象の頭という不思議な姿。インド神話のガネーシャと言えば分かるでしょうか。インドカレー屋さんでよく見かけるあの姿です。父であるシヴァ神が誤ってガネーシャの首を刎ね、あわてて近くにあった頭をすげたところ、それが象の頭だったんだそうです。

また、歓喜天の性格は別の神からきています。その名をビナヤカと言います。これがかなりの悪神で、人々の仕事の邪魔をする、いわゆる障礙神《しょうげしん》というタイプの神。さらに、帝釈天と同じく女好きで煩悩まみれの性格です。あるとき、ビナヤカが欲情に駆られて人間の女性を犯そうとした。その時、十一面観音菩薩がやってきて、女性を犯すことをやめさせ、「それでも欲情が収らないなら、私を犯しなさい」と言って、十一面観音菩薩がメスの象に変身した。ビナヤカはこれと交わって、煩悩を解消した、というエピソードがあります。

歓喜天の像は、二体の歓喜天が抱き合っている姿で表されますが、いっぽうはメスに化けた観音、ということなのだそうです。牙があるほうがオスの歓喜天（＝ビナヤカ）。そして、牙の無いメスの方をよく見ると、相手の足先を踏み付けています。つまり、悪さをしないように押さえているのです。

このように、暴虐非道の神である歓喜天は、観音の導きによって善神になり、信仰の対象になりました。

もともと非常に力の強い神なの

十一面観音菩薩（フィギュア）
提供：イスム

で、ご利益は絶大。しかも、勝負事や金運、セックスの面など、人に言えないような願いも叶えてくれるそうです。しかし、なにしろ悪神なので、接し方が大切。精進潔斎して、決められた通りの礼拝をしないと恐ろしい罰が降ると言われます。つまり、拝むなら命がけ。まさにハイリスク・ハイリターンの神と言えるでしょうか。

天の本質は二面性にあり

歓喜天に限らず、後述する大黒天や弁才天など、恵みと災いの両面を持つのが、天の面白さです。

天は、インドの神であり、その源流は自然を神格化したものが多いです。川や海も、恵みをもたらす半面、災害もあります。こうした恐ろしい面を抑えることで、恵みをいただこうというのが、この国に限らず、古い時代の信仰形態ではないでしょうか。

ただご利益をもらおうということではなく、人智を超えた恐ろしい存在に対し「鎮まれ」という思いが根底にあるように思います。天の二面性には、古代の自然信仰の原初的な姿が沁みついているのでしょう。

善神か、邪神か・明王

明王は、恐ろしい忿怒の姿で表現されます。頭、腕、時には足までがいくつもあって、異形の姿です。代表格は**不動明王**です。ゆがんだ怒りの顔で、右手に剣、左手に羂索を持ちます。これらは、宗教的な解釈だと、煩悩をもたらす魔物を打ち砕く姿であるとされます。表情は「怒り」ではなく「叱る」姿であり、無明の衆生をも仏法の教えの世界へ導いてくださる尊格、と説明されます。

いっぽう、宗教史や民俗学的な立場から言うと、明王はインド神話の神々をモデルにした姿であり、その荒々しく力強い姿は、呪術信仰の対象として崇められる存在であると言われます。どうやらホンネとタテマエ、表と裏がありそうです。

明王を理解するキーワードは「降伏」です。「調伏」とも言います。ようするに、魔物をやっつける、要は殺す、というもの。殺す対象が、煩悩という魔物で

不動明王　願成就院 蔵

あるのがタテマエ。本音は、個人的なライバルや戦争の相手を魔物とすることがあった、ということでしょうか。

明王の中に、**降三世《ごうざんぜ》明王**という尊格がいます（本書カバーの写真）。

この明王は、インドのシヴァ神（大自在天）と奥様もろとも踏み付けています。分かりやすい「降伏」のポーズです。言い伝えでは、ヒンドゥー教の主祭神であるシヴァ神を、仏教に対する異教の神とみなし、不動明王の命によって殺しにきた姿を表すそうです。現代の感覚ではかなり物騒なエピソードですが、古代インドでの話ですから仕方ありません。要するに、仏教の優位性を説くエピソードであり、ポーズであるということですね。

平安貴族が熱狂した「密教」

明王は、ひとくちに言うと「密教の世界で登場する尊格」です。

では、密教とは何かと言うと、これが容易には説明しづらいのですが、そこを無理やり言いますと、**呪術宗教**かと思います。これを日本にもたらしたのが、**弘法大師・空海**です。

仏教も長い歴史のなかで進化を遂げています。日本では、最初に渡ってきた仏教は、物事を哲学的にとらえる学問としての色が強かったようです。密教以前の法要では経典読誦が基本です。その後に渡ってきた密教は、古代インドの言葉をそのまま唱える真言や陀羅尼が重視されました。簡単に言えば呪文のようなものです。そして火を焚いてなにやら秘密の儀式[註4]を行います。常人には知り得ない秘密の力で秘密の修法を行い、どんな願いでも成就させる。このような神秘性を重視したスタイルが密教の基本です。現在でも、真言宗や天台宗のお寺で行われる護摩法要がこれです。

この修法の時に、本尊として主に据え置かれるのが明王というわけです。おどろおどろしい姿の明王は、密教の修法によってより神秘性を増して、平安京の貴族たちを魅了したことでしょう。政敵を呪い殺すほか、病気の平癒、恋愛の成就といったさまざまなご利益（後述します）が期待されました。当時にしてみれば、こうした人智の及ばないスピリチュアルな祈祷こそ、現実的な「科学」だったのです。だから平安時代の人々は切実な思いで明王にすがることになります。

註4　これを「修法（すほう、ずほう、しゅほう、などの読み方があり）」と言う。

空海の呪術戦争

『今昔物語』には、明王にまつわる恐ろしいエピソードが書かれています。

平安京には、街の要となる東寺と西寺がありました。東寺の長はご存じ空海。西寺は修円という、これまた密教呪術の使い手がいて、空海をライバル視していました。

いろいろあって、修円は空海を呪い殺そうとします。このとき修円は、降三世明王に向かって祈祷をします。先ほど言ったとおり、降三世明王は、インドのシヴァ神（大自在天）夫妻を踏み付ける恐ろしい明王です。

降三世明王　東寺 蔵
提供：便利堂

これに対し、空海も黙ってはいません。降三世と並ぶ恐ろしい明王、**軍荼利《ぐんだり》明王**を用いて呪詛返しをします。

激しい呪殺合戦が続く中、空海はいったん弟子を街へ出して、葬式の道具を買わせました。これは、修円を油断させる策略でした。修円は、空海の葬式と勘違いし「空海破れたり」と思って呪詛の手を止めました。その一瞬のスキを突いて、空海は軍荼利明王に対し最後の祈祷をします。結果、軍荼利明王の矢が西寺へ飛び、修円の眼を貫いて、修円は血を噴き上げて絶命しました。

この話は『今昔物語』にあるフィクションではありますが、明王についてのイメージはよく伝わるのではないでしょうか。

ちなみに、軍荼利明王は身体じゅうに蛇が巻きつくという非常に気味の悪い姿で表されます。これは、蛇の精力を象徴したもので、病平癒のご利益があるとされました。いわば病気という魔物を降伏する明王なのです。

ここまで、不動明王、降三世明王、軍荼利明王が登場しましたが、これに**大威徳明王**（6本腕で6本足で水牛に乗る）、**金剛夜叉明王**（五つの眼をもつ）が加わって、まとめて「**五大明王**」と呼ばれます。密教寺院では五大明王を祀ることが多いです。

このほかの代表的な明王と五種法

明王の代表格は五大明王ですが、ほかにもさまざまな明王がいます。いくつかご紹介しましょう。

愛染明王は、愛欲の煩悩をコントロールするとされます。もっとも捨てがたい煩悩である愛欲も、突き詰めれば悟りに至るという「煩悩即菩提」という考え方があって、それを象徴する明王です。

姿は赤い色の身体で、獅子冠をかぶり、腕が6本、持ち物は弓と矢が特徴で、愛のキューピッドと比較されます（見た目はかなりちがいますが）。

このことから、「敬愛法」という密教修法の本尊になることが多く、江戸時代くらいになってくると「縁結びの仏」として人気を集めました。現代でも、東京・高尾山

愛染明王（フィギュア）
提供：イスム

の縁結びスポットなどには、愛染明王がいます。

もう一つは、**大元帥明王**です。こちらは軍隊の「元帥」の語源になった明王で、まさに戦争の仏です。敵を粉砕して国土を守るという目的で「大元帥法」という修法が行われました。

姿は基本的な明王の姿ですが顔の数、腕の数はさまざまあるようです。有名な像には、奈良の**秋篠寺**の秘仏がありますが、これは一面六臂です。一説には、顔の一つを明王の中でも極めて恐ろしい「極忿怒相」に造る、と規定されているそうです。

そんな恐ろしい仏像だからでしょうか。公開されている大元帥明王はほとんどありません。しかし、密教系の寺院の本堂奥にこっそり置かれていることがあります。真言宗のお寺では**大元《たいげん》明王**と呼びます。

仏像で有名な明王といえば、**孔雀明王**があります。空海が雨乞いの時に本尊とした明王で、明王にはめずらしく菩薩のような柔和な顔をして孔雀に載っています。仏像では名仏師・**快慶**が造った見事な像が有名で、高野山に安置されています。

こうした明王は、ご利益が幅広く、しかも国家レベルから個人レベルまで、さまざまな現世利益が期待されました。さまざまな修法によってご利益を得るのですが、その修法の分類は大きく五つに分かれます。

息災—病や天変地異などの災厄を避ける
増益《ぞうやく》—財産、長寿、幸福を増す
敬愛《きょうあい》—恋愛成就、不和の解消、人気獲得
調伏—敵の呪殺
鉤召《こうちょう》—信仰する神仏を集める

古代中世の人たちは願いを成就させようと、こうしたさまざま修法を秘密に行っていたそうです。現代も一部の人によって行われているようです。

世間に出回る仏像本ですと、これら「如来」「菩薩」「天」「明王」の解説で終わるのですが、じつはこれ以外に興味深いキャラクターがいます。それが「**権現**《ごんげん》」です。権現は、日本独自の尊格で、いよいよここから神仏習合の本筋に入っていきます。

3 仏教を超越する「権現」「習合神」

修験道で生まれた新しい姿

仏像で表される権現の代表が**蔵王権現**です。日本の山岳宗教である**修験道**《しゅげんどう》の本尊で、奈良・吉野の**金峯山寺**《きんぷせんじ》が総本山です。

では修験道とは何かと言うと、日本の山岳信仰に、密教的な要素が結びついた日本独自の宗教です。

日本では、仏教流入以前から、自然に対する信仰が盛んでした。とくに、山は人智を超えた存在で、だからこそ敬い、時には恐れたのでした。こうした山の霊力を取り込んで超人的な力を得ようと、多くの修行者が山に籠ったそうです。

のちに仏教が入ってくると、古来の山の信仰と、仏教の中でも密教の神秘主義が結びついて、独自の発展を遂げ、それが修験道となっていきます。修験道がいつ成立したのかははっきりしませんが、蔵王権現が明王の姿を踏襲していますから、密教が浸透した平安時代だと思われます（お寺の伝承では飛鳥時代と言われることもあります）。

修験道の開祖は**役《えんの》小《お》角《づぬ》**です。**役行者**とも言います。この人は、山岳修行で超人的な力を得て、富士山まで飛行したなどさまざまな伝説が残る、日本山岳信仰界のスーパースターです。

蔵王権現（フィギュア）
提供：イスム

役小角が、吉野の山で激しい修行をしたところ、千手観音、弥勒菩薩、釈迦如来が現れました。しかし、役小角はさらに念じてもっと自分にふさわしい神仏を求めました。すると、稲光とともに現れたのが蔵王権現です。その姿は、青黒い身体に明王のごとき忿怒の形相で、右手を高く上げ、右足は虚空を踏み（つまり右足を上げている）、虎の皮を纏って怒声を上げている強烈な姿。これを吉野の山の桜の木で彫り上げたのが蔵王権現の像だそうです。現在安置されている金峯山寺の本尊は7メートルもの巨像で、そこから見下ろす怒りの眼には背筋も凍る思いがします。「日本最大の秘仏」と呼ばれ、普段は非公開ですが、観光シーズンになると何かの理由をつけてご開帳し観光客が集まります。

権現とは「仮に現れること」

さて、権現という言葉の意味ですが、先ほどの蔵王権現が現れたエピソードを再確認しましょう。

最初、釈迦、千手観音、弥勒菩薩という、わりとなじみ深い仏が現れたのが、役小角の祈りによって、まったく別の姿になった。言い換えれば「変身」した。この「変身した姿」のことを権現と言います。そして、「変身前の仏」のことを**本地仏**《ほんじぶつ》と言います。

別の言い方では、本地仏が変身した神のことを「**垂迹神**《すいじゃく》」とも言い、権現とほとんど同じ意味で使われます。背景には、日本の神は仏が変身した仮の姿である、という考え方がありました。これを「**本地垂迹説**」と言います。

偉い修行者にとって、今までよく知られた（経典に規定されている）姿の神仏ではもの足りなくなったといいますか、もっと自分にフィットした姿を求めたのでしょうか。それによって、「**感得**」という神秘体験が行われます。

感得というのは、修行者が、修行や夢で独自の神仏を感じとることです。要するに「見えないものが見えてしまった」というものです。仏像の姿は、経典などに姿かたちの規定があり、一定のルールが設定されます。ところが、感得仏はルール無視、見えてしまったんだから仕方ない、というわけで、どんどん新しいスタイルの仏像が造られることになります。

修験道の世界ではさまざまな垂迹神を祀るようになりました。その代表が蔵王権現です。ほかにも、長野県の飯縄山の**飯縄権現**（本地仏は大日如来、**勝軍地蔵**など）、静岡県秋葉山の**秋葉権現**（本地仏は観音菩薩）など。これらはカラス天狗の姿をしていて、その後の天狗信仰につながっていきます。

神仏分離令で消えた神社の権現

さらに、具体的な姿が規定されない権現もいます。神奈川県の**箱根神社**を例に挙げると、箱根の山での修行で感得した三つの神が、まとめて**箱根権現**と名付けられました。これを感得したのは**万巻上人**という奈良時代のお坊さんです。仏教の人が神を見出すのですが、そこが当時最新の神仏習合的な感覚だったのです。宝物殿に板絵が残されていますが、僧の姿（法躰）、男性の姿（俗躰）、姫の姿（女躰）で描かれています。それぞれの固有名詞は無く、三神合わせて箱根権現、もしくは箱根三所権現と呼ばれます。

このように、各地の山の聖地では、それぞれ独自の「〇〇権現」という神を祀っていました。そして、それぞれの権現の本地仏も決められていました（例：秋葉権現の本地仏は観音菩薩）。

しかし、明治時代の神仏分離令によって「〇〇権現」の呼称は使われなくなり、代わりに日本書紀や古事記に書かれる由緒正しい（とされる）神の名に変えられました。ですから、現在の箱根神社では、三つの祭神の名前は**瓊瓊杵尊**（ニニギノミコト）、**木花咲耶姫命**（コノハナサクヤヒメノミコト）、**彦火火出見尊**（ヒコホホデミノミコト）となっています。

ここが、神仏の理解をさまたげる原因となっていまして、箱根の例のように、神社の神の名は、時の政府のお達しによって変えられている場合が多いのです。たとえ名前がちがっても、祀られている魂は変わらないのですから、信仰の面では問題ないでしょう。私たちのように、宗教史や宗教民俗学的な理解を深めようとすると、明治の神仏分離令以前の信仰のかたちを理解する必要があると思います。もっと言えば、権現こそが中世日本の信仰の謎を解くカギであり、そこから近代以降の信仰と、古代の信仰のかたちを結びつける布石になると思います。

習合神――神道と交わった弁才天

こうした神仏習合の話を経て、もう一度天部をおさらいしたいと思います。弁才天は、もともとインド由来の神であるはずが、日本独自の発展を遂げて謎めいた神になりました。次頁の写真のとおり、日本でよく見かける弁才天は、頭に何かが載っています。

宇賀弁財天　宝厳寺 蔵

これは、蛇です。ただの蛇ではなく、人頭蛇身。とぐろを巻いた蛇に、頭は老人の顔になっている奇怪な姿です（日本の神は蛇体で表されることが多いのですが、そのへんはまた別の機会に）。

これは**宇賀神**と言って、神道系の神です。その由来は定かではないのですが、稲荷神社の系統で、穀物神もしくは豊穣の神とされます。弁才天も豊穣の神ですから、これが交わったのでしょう。このスタイルの弁才天を**宇賀弁財天**と言います。漢字表記も「才」から「財」に変わりました。まさに神仏習合の思想で生まれた、日本独自の習合神です。

どういう経緯で弁才天の頭に載ったのか分かりません。が、これも「感得」というカラクリで産み出されたのだと思います。発祥は滋賀県、琵琶湖の竹生島にある宝厳寺です。弁才天はもともと川の神ですし、蛇のイメージが雨をもたらす龍神信仰ともつながって水の神となり、各地の海や川、池で祀られるようになります。竹生島と、広島県宮島の厳島神社、神奈川県江の島の江島神社で三大弁財天と言われます。

別系統で、密教の界隈では一糸まとわぬ裸身に琵琶を持った姿の弁才天も造られ、なかなかセンセーショナルな姿で信仰されています。江ノ島には八臂（8本の腕がある）の宇賀弁財天と、琵琶を持った裸弁財天が並んで祀られています。また、東京都・上野の不忍池は、琵琶湖を模して造られた池なので、竹生島になぞらえて宇賀弁財天が祀られています。

習合神――破壊神・大黒天がなぜ福の神に？

先述したとおり、天はダークな面を兼ね備えた、二面性のある性格が特徴です。その最たるものが**大黒天**ではないでしょうか。

大黒天は、七福神のメンバーとしてもよく知られ、打ち出の小槌を持ち米俵に乗った福の神として知られます。

ところが、その由来を調べてみると、インドのマハーカーラという神に行き着きます。「マハー」は「大いなる」といった意味の言葉、「カーラ」は黒を表すので、まさしく「大黒天」であります。

このマハーカーラは、インド神話の世界では暗黒の破壊神として描かれます。絵を見ると、手に鹿や人（神という説も）を持ち、背中には象の皮を纏います。陸上最強の動物である象さえもこうなってしまう、という強さを表しているよう

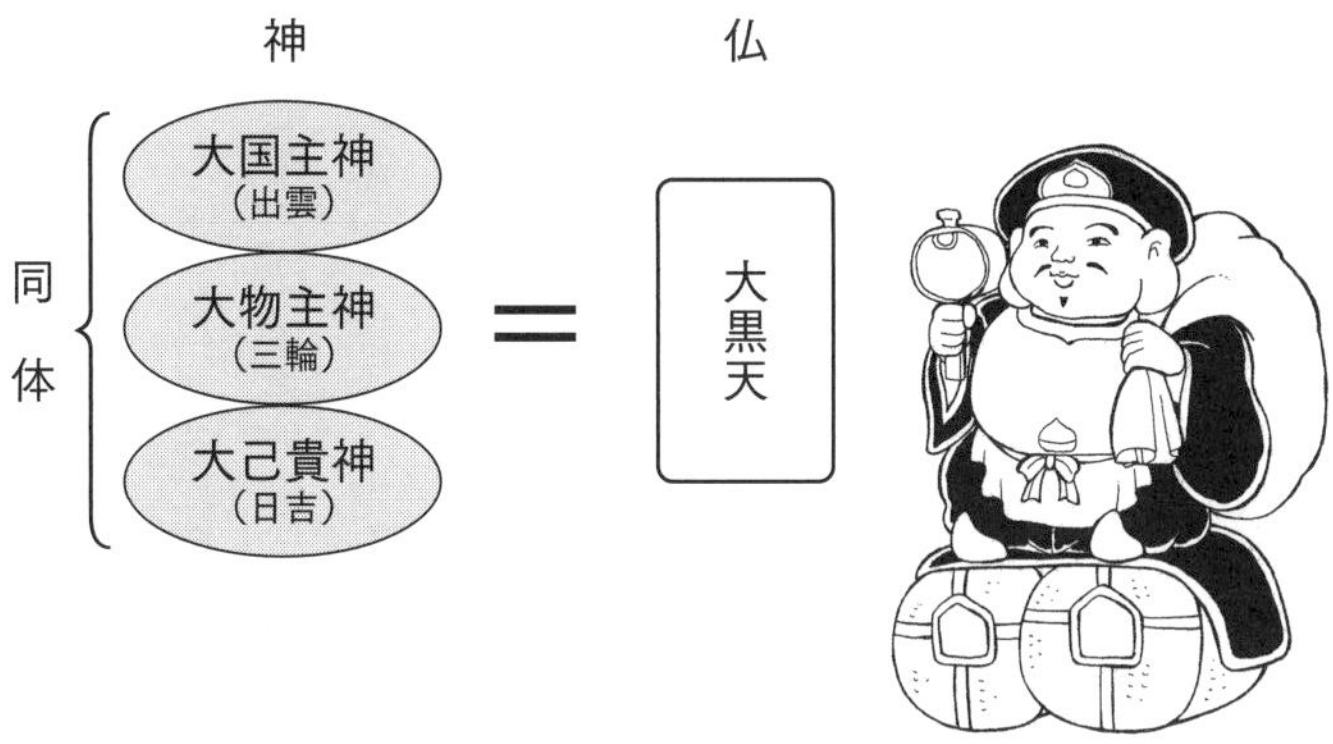

イラスト：みろかあり

です。

破壊を司る神・マハーカーラの信仰は、仏教とともに中国に渡ります。そこで、破壊が転じてものごとの生成をもたらすイメージからでしょうか、食物の神として寺の厨房に祀られるようになります。これが日本の天台宗にも伝わって、寺の台所には大黒天が祀られます。さらには、強力な守護神として比叡山延暦寺の諸堂にも大黒天が祀られます（これが特殊な像なのですが終章で紹介します）。

これがなぜ日本で温和な福の神になったのか。

そこにはどうやら神仏習合が背景にあったようです。

出雲大社の主祭神は**大国主神**（オオク

ニヌシ）。国創りの主人公であり、日本の国土を整備した立役者です。日本の国土は、稲の豊かな実りを意味する「豊葦原瑞穂国《とよあしはらみずほのくに》」と称されます。これを作ったオオクニヌシはまさに豊穣の神でもある。

そして、このオオクニヌシの〝大国〟が〝ダイコク〟とも読めることから、インド由来の大黒天と習合しました。

現代人からすると、まるでひどいダジャレのようですが、日本は「言霊」信仰の国。言葉のつながりがとても重視されるのですね。

こうして、大国主神の姿は米俵に乗った大黒天の姿で描かれ、呼び方も「ダイコクさん」と呼ばれるようになったのでした。

出雲のオオクニヌシのほか、奈良の古代信仰の中心である三輪山の神も大黒天と関わりがあります。三輪の神は大物主神（オオモノヌシ）と言いますが、じつはこの神、オオクニヌシの和魂《にぎみたま》で、要するに同体とされています。そして、比叡山には日吉神社という古い神社があり、**延暦寺**とともに発展しましたが、そこには三輪山のオオモノヌシ（別名で大己貴神《おおなむち》）が合祀されています。天台宗の言い伝えをまとめた『渓嵐拾葉集』では、三輪山の神は大黒天の姿をしていたと言います。

第2章

異国の神、日本に現る
飛鳥〜白鳳

これも観音、あれも観音

観音菩薩立像
東京国立博物館 蔵
Image：TNM Image Archives

不空羂索観音
東大寺 蔵
©共同通信社／アマナイメージズ

前章で、仏像として表現されるさまざまな尊格のプロフィールを、ざっとご紹介しました。

ここで、観音菩薩の姿をいくつか見てみましょう。こちらの写真をご覧ください。

飛鳥、奈良、時代が変わると同じ観音でもぜんぜん姿がちがいますよね。

なぜでしょうか。

その疑問を念頭に置いて進めていきたいと思います。

ここからいよいよ、歴史の闇へと踏み込みます。

聖なる光あふれる仏像が、日本の歴史のなかでどのように運用されてきたのか、中でも、煩悩うずまく時代のなかで「呪いの装置」として利用された背景を見ていくことにしましょう。

1 紆余曲折の飛鳥仏

仏教公伝――「目に見えるカミ」の出現

日本人と仏像との関わりは、今からおよそ１５００年前、古墳を造っていた時代の終わりごろに始まります。

『日本書紀』仏教公伝の項では、**欽明天皇**の言葉として、

「仏の相貌《かお》端厳《きらぎら》し」

と記述があります。この時の仏像は、銅像に金メッキを施した金銅仏[註5]だったようですが、端正で荘厳な顔立ちに、天皇みずから感動したようです。そのイ

註5　一説には、長野・善光寺の本尊に代表されるような、一枚の光背の前に三体の仏像が並ぶ三尊像だと言われている。

ンパクトは相当なものだったでしょう。ここから、仏像と日本人の付き合いが、現代までさまざまな形で続くことになります。

仏像が日本に公式なかたちでもたらされたのは、『日本書紀』だと西暦552年。しかし西暦538年の説もあります。どちらが正しいか論争がありましたが、現在の調査研究結果によると、538年が正確なようです（まだ決着はしていません）。ただし日本書紀は国の公史ですので、552年という年代が後の平安時代に効いてくることになります（これは後述します）。

さて、そのへんの論争は学者の方々におまかせするとして、なにしろ日本のヤマト朝廷にとって、仏像は海の向こうからやってきた外国のカミです。最初にもたらされた仏像、これを見た当時の日本人はどう思ったのでしょうか。

日本古来の信仰では、神とは目に見えないものであり、それが巨石や木に宿るという考え方が基本です。いわゆる偶像崇拝をしません。なのに、金ピカの仏像を目の前にして、それが異国の神だと言われたらとても驚いたことでしょう。

日本人は、「よそもの」を警戒しながら、同時に外来のものをありがたがるという、ややこしい民族性を持ちます。仏像も、そんな日本人のメンタリティに翻弄されながら、ここから何百年もかけて日本文化に溶け込んでいくことになります。

日本最初の仏像戦争

当時の人にしてみれば、仏像はまさにインポート・ブランドです。日本人は今も昔も輸入モノが好き。金ピカの金銅仏に非常に圧倒されたと思います。しかもご利益もあるということだから、なおさら深く帰依したことでしょう。

いっぽう、日本古来の土着の神々を崇敬する保守勢力にとってみれば、仏像は警戒すべき存在です。「蕃神」つまり外来のカミの像に疑いの目を持った人もいたはずです。飛鳥時代には**物部氏**がこの立場をとる「廃仏派」でした。彼らは、仏像を信仰する「崇仏派」であった**蘇我氏**の仏像を捨てたり寺を燃やしたりして対抗します。

そのうち、**聖徳太子**と蘇我氏の軍勢と物部氏が正面から戦います。この時に、崇仏派のリーダーだった聖徳太子が頼りにしたのが四天王でした。

太子は、四天王の加護を祈願し、毘沙門天の像を頭にくくり付けて戦いに挑みました。その結果、見事に勝利し、以後飛鳥の都は仏教を元に運営され、難波の地には四天王寺が建立されました。そのへんのお話はみなさんも聞いたことがあるのではないでしょうか。

奈良の信貴山**朝護孫子寺**では虎の像が有名ですが、寺の言い伝えによると、毘沙門天の功徳があったのが寅年、寅の日、寅の刻だったことから毘沙門天の眷属として虎が結びついたそうです。また、東京・神楽坂の**善國寺**では、毘沙門天が誕生したのが寅年、寅の日、寅の刻だったと伝わっていて、境内に狛犬ならぬ「狛虎」がいることで有名です。

貴族の私的なニーズに応えた「小金銅仏」

崇仏派の先頭だった蘇我馬子が私邸を改築して、日本最初の寺院である**法興寺**（**飛鳥寺**）ができ、蘇我と物部の戦争を経て、崇仏派が政治の実権を握るようになると、飛鳥の都に仏教が浸透します。まずは貴族たちが自宅に仏壇を構え、小さな金銅仏を安置することが流行ったようです。この時代の仏像が法隆寺に残っていて、現在は東京国立博物館の所蔵となっています。

高さ30センチ程度の小さな像は、東京国立博物館の法隆寺宝物館で見られま

観音菩薩立像　東京国立博物館 蔵
Image：TNM Image Archives

す。如来像もありますが、現在残っているものは菩薩像が多いです。菩薩にも、観音菩薩に弥勒菩薩、文殊菩薩などいろいろな種類がありますが、この時代にどこまで伝わっていたのか分かりません。

たとえば観音菩薩の場合、冠に如来の化仏を戴くスタイルが特徴ですが、現在残っている最古の例は白雉2年（651）で、飛鳥時代も中盤をすぎた時期のもの。それより古い菩薩像は、化仏が無いので、現代の分類法では観音菩薩とは特定できないことになります。仏像表現の決まりがあいまいだったのか、その後の時代とは異なる表現方法が使われていたようです。

その一例として、飛鳥時代の観音菩薩は、両手で宝珠を包み込むように持つスタイルが見られます。先ほどの白雉2年の像などは小さな手でもみ手をするように大切に丸い球を持っていて、頭の大きい童顔とあいまってとてもかわいらしい姿になっています。

聖徳太子の呪いか？　救世観音

こうしたスタイルの観音菩薩の代表格といえば、法隆寺の夢殿の本尊「**救世観**

音」です。「くせかんのん」とか「ぐぜかんのん」と言います。像高180センチで、聖徳太子の等身大の像と言われますが、謎が多い仏像です。

聖徳太子が亡くなった直後に造られたとか、存命中に造られたとの説もありますが制作年代は不明です。飛鳥時代に造られた貴重な木造と推定されます。

当初の安置場所は不明です。記録に登場するのは、天平11年（739）で、この時に聖徳太子を追慕する八角堂「夢殿」が建立され、その本尊として安置されたとあります。そして長い間秘仏として、誰の目にも触れずに1000年以上が過ぎます。その封印が解かれたのは明治17年（1884）のこと。東洋美術史家のアーネスト・フェノロサによって、ぐるぐる巻きにされた布が解かれ、救世観音の姿が露わになりました。呪いを恐れた法隆寺の僧が逃げだした、というエピソードも有名ですね。

呪いや祟りといったいわくつきの仏像ですが、なぜ秘仏になったのかは不明です。一説には、当時は天然痘など災いが続き、これを聖徳太子の呪いと恐れたため、夢殿と救世観音で呪いを封じた、とする説もあります。

今では聖徳太子自体が実在を疑われてもいますから、本当のことは分かりませんね。

飛鳥仏の特徴1　正面観照

71頁の観音菩薩立像の写真をご覧ください。天衣と呼ばれる衣が左右対称に広がって、翼のようです。私は自著『仏像にインタビュー』で、この姿をマンガで描き、「サンダーバード1号」のようなキャラクターに仕立てたことがあります（笑）。

それはさておき、博物館でこの像を見ると、正面からはこの写真のとおりですが、横から見ると薄っぺらな形状です。これは、正面から拝むことだけを考慮して造られたからと言われ、これを「正面観照」と言います。飛鳥時代の、古い時代の像は正面観照性が高いです（このあとすぐ別のスタイルが出てきます）。

飛鳥仏の特徴2　止利様式

もうひとつ飛鳥に顕著なスタイルが「**止利《と り》様式**」です。止利（または鳥）とは仏師の名前で、鞍作《くらつくり》止利といいます。渡来系の一族出身で、推古天皇の時代に聖徳太子や蘇我馬子に仕えました。

止利の代表作は二つあります。一つは奈良・明日香村の**安居院**の釈迦如来。通称「飛鳥大仏」と言います。もう一つは法隆寺金堂の釈迦三尊像です。

安居院は、蘇我馬子が建てた日本最初の寺院・飛鳥寺のことです。本尊の飛鳥大仏は推古天皇17年（６０９）[註6]に完成。現在は顔の一部と指だけが当初のものとされますが、調査[註7]が進んでいます。法隆寺の像は推古天皇31年（６２３）、光背に止利仏師が造ったとの銘文が刻まれています。

その特徴は、まず細身であること。いわゆる大仏のような恰幅のよさはありません。顔の輪郭もやや面長です。

顔に注目すると、目が見開かれていて、目じりが尖っていて、「杏仁形（アーモンド・アイ）」と呼ばれます。口元は、ほんのりと微笑するようで、「アルカイック・スマイル」と呼ばれます。

身体全体に注目すると、左手をこちらに差し出していますが、薬指と小指を曲げているポーズを取ります。

服装にも特徴があります。厚手の衣を着ているようで、左右の肩から胸前にＵの字を描くように垂れ掛かります。その衣の下には、下半身に着ける衣の結び目

註６　『日本書紀』では推古天皇14年（６０６）。

註７　平成28年（２０１６）、大阪大学大学院の藤岡穣教授の研究チームにより銅の成分検査が行われ、顔全体はオリジナルのままである可能性が指摘されている。

止利様式の例：如来坐像　全像正面　東京国立博物館 蔵
Image：TNM Image Archives

が見えます。台座に垂れる衣文線も非常に特徴的で、まるでイチョウの葉のような文様を繰り返しあしらっていて、写実的な皺ではありませんが、飛鳥時代のデザインセンスがうかがえる文様になっています。

人間と同じように、仏像にもファッションの変遷がありまして、この後の時代も仏像の衣服の表現や着こなしが変わっていくのですね。

止利自身が手掛けたものでなくても、こうした造形の特徴が見える造像様式を「止利様式」と呼びます。

正面観照からの脱却

飛鳥仏の特徴は、すぐに変化します。その代表格が、国宝第一号として知られる広隆寺の弥勒菩薩です。腰かけて右足を組み、右手の指を頬に当てて考えているポーズです。これを「**半跏思惟**《はんかしゆい》」と言います。

ほかに有名な仏像は、法隆寺に伝わる「**百済観音**」です。実際は百済との関連はありませんが、昔からそう呼ばれています。

先ほど、飛鳥時代の仏像は正面観照と言いましたが、早くも正面観照からの脱

半跏思惟の例：菩薩半跏像
東京国立博物館 蔵
Image：TNM Image Archives

却が見られます。

弥勒菩薩像は、見てのとおり腕と足のポーズから前後方向の立体感が出ています。姿勢も前かがみで、先ほどの宝珠を持った観音像のような固い直立姿勢ではありません。

百済観音の方は、姿勢は直立ですがリラックスした感じが伝わってきます。さらに、腕に垂れた天衣を見てください。衣の先が前方に翻っています。これも前後方向の立体感を意識して造った証拠です。

こうした像は、飛鳥時代の後半、もしくは次の「**白鳳時代**」と呼ばれる時代にかかる造像とされるので、飛鳥時代の中でもあとからできたものです。

その間に、日本に何があったのでしょうか？

2 外交情勢で変化する仏像

激動の飛鳥　朝鮮半島の戦い

飛鳥時代の定義にもいろいろありますが、美術史上では、推古天皇から**天武天皇**の時代の終わりごろまでとします、その間およそ１００年ほどあり、激動の時代でした。

日本史の勉強で覚えた**大化の改新**や**壬申の乱**などありますが、仏像の目線から注目したいのは、**白村江の戦い**です。

当時の朝鮮半島に目を向けると、「三国時代」といって、北の高句麗、東の新羅、西の百済の三つの王朝が覇権を争っていました。倭国（当時は日本という国号はありませんでしたので、本書でもこう呼びます）に仏教が伝わったのは百済を経由してのこと。この時期の倭国は百済とさかんに交易していたようです。朝

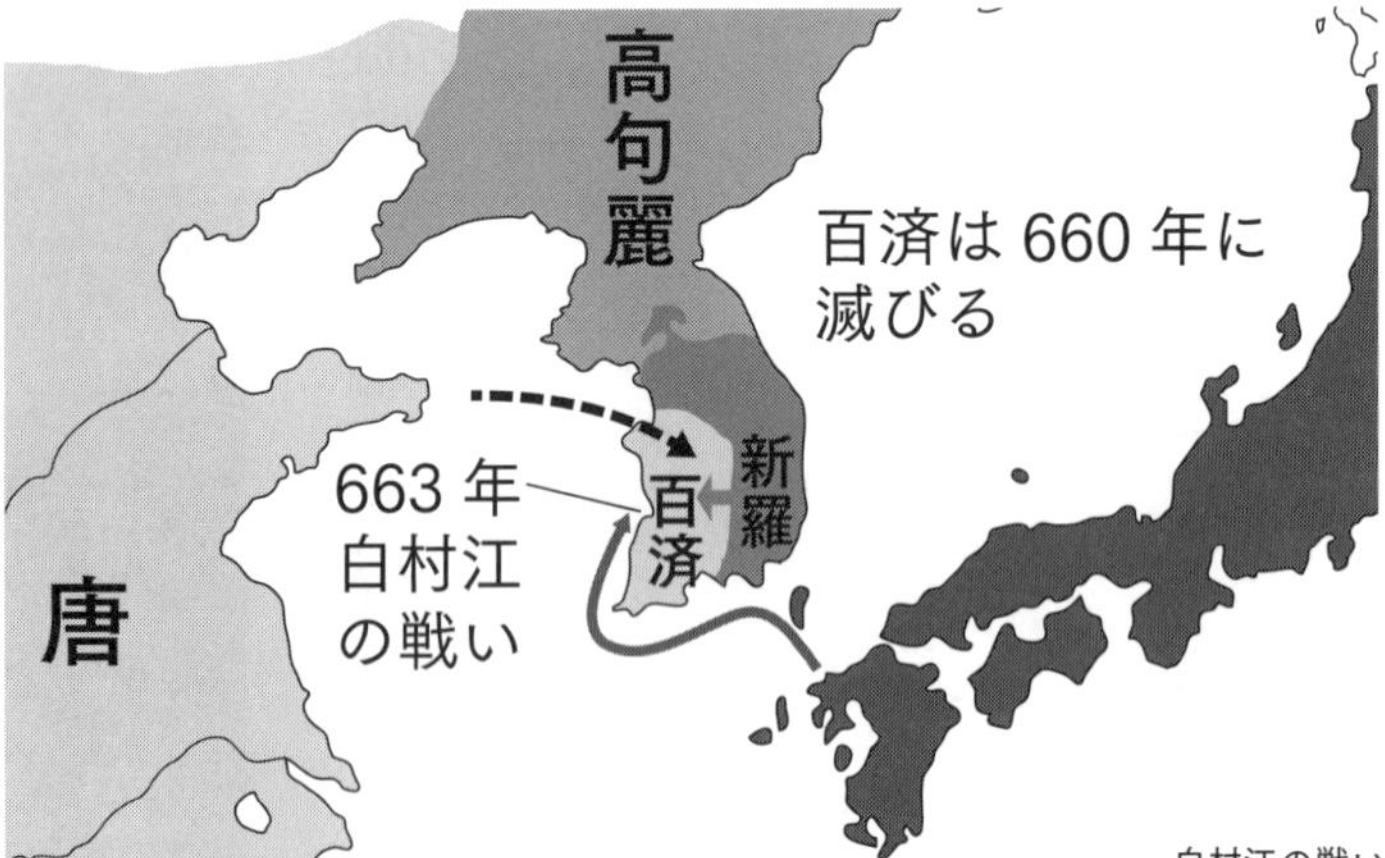

白村江の戦い

鮮半島のバックには強大な中国がある。聖徳太子の時代には隋、その後唐が国を治めます。

そんな中、新羅が中国の唐と組んで百済に攻め込み、百済は滅亡してしまいました（6６0年）。生き延びた百済の王族や民衆は、船で倭国に逃げ、再起を図ります。

倭国では、**中大兄皇子**と**中臣鎌足**によって蘇我入鹿が殺され（**乙巳《いっし》の変**）、国の体制を整えている最中（大化の改新）でした。百済を救おうとする中、**斉明天皇**が亡くなり、しばらくして中大兄皇子が即位して**天智天皇**となります。そして、百済・倭国の連合軍で新羅・唐との戦いに挑みます。ところが天智2年（6

６３）白村江の戦いで大敗し、九州に逃げ帰ります。百済の復興は達成されませんでした。

この敗戦で、倭国が占領されるのではという危機感が高まる中、倭国は急速に国の体制を整えることになります。それは後の項でお話しします。いっぽうで、戦勝国である新羅や唐との友好関係を模索していくことになります。

こうした歴史を背景に、仏像も変化していきます。

外交情勢で仏像も変化する

一般的な説としては、正面観照や止利様式の仏像は、百済を経由して渡来しました（そのおおもとは中国・北魏の様式と言われます）。いっぽう、弥勒菩薩や百済観音のような正面観照でない仏像は、新羅との関連があるようです。

また、その様式の源流は中国の南北朝にあり、現在の通説では、百済系の仏像は中国・北朝（斉、魏）、新羅系の仏像は南朝（梁）の様式が伝わってきたものと言われます。しかし、このへんはまだ研究段階で、異論もあり、いつ定説が変わるか分かりません。じっさい、飛鳥寺の埋納品調査などから、百済は北朝だけではなく南朝とも交易していたことが分かっています。古代史研究は、古い時代を扱ってはいますが、最新の情報に気をつけないといけないのです。

ともかく、この場で押さえておきたいポイントは、国とのつきあいによって、仏像も変わるということです。

止利様式をもたらした止利仏師は百済系渡来氏族の出身でした。いっぽう、広隆寺の弥勒菩薩像は、いつどこで造られたのかはっきりしませんが、新羅とのつながりが示唆されます。また、韓国の博物館には広隆寺の像とそっくりの像があり、広隆寺像のお手本のような位置づけになりますが、新羅で造られたというのが通説です（異論もあります）。

新羅という国も歴史が長く、日本とは古墳時代からことあるごとに交易と戦争を繰り返してきた相手です。日本には新羅からも百済からも（北方の高句麗からも）僧侶や工人が渡ってきていました。ただ、ここで話した飛鳥時代、とくに最初の寺院・飛鳥寺ができる時代では、百済の影響が強かったようです。

日本と仲がよかった百済が滅び、日本は敵対していた新羅とあらためてつきあうことになります。百済と新羅は、中国との交易で仏教の作法や仏像造りのノウハウを得ます。中国は中国で、争乱でいくつもの王朝が入れ替わっていた時代ですから、文化も異なる。すると仏像の様式《かたち》も異なる。その影響が、日本にも伝わっている。だから、同じ飛鳥時代と言っても、文化がみるみるうちに変化していったのでした。

仏像の変化で国の歴史が見てとれる。とくに外交政策とリンクしているというのが、飛鳥時代の仏像の特徴ですね。これはつまり、仏像が外国の文化（インポート・ブランド）だったからこうなるのであって、のちに仏像が日本独自の発展を遂げると、また事情が変わってくるのです。

国境警備の寺か？　太宰府・観世音寺

白村江の戦いで大敗してから、国に緊張が走ります。天智天皇は急いで守りを固めることにします。よく知られているのは、**大宰府**政庁の背後の山に、**大野城**という山城を築きました。ほかに佐賀や熊本にも古代山城を造ります。ただ、山城だけでなく、やはり仏像もからんでくるように思います。

代表的な例は、九州・太宰府[註8]の**観世音寺**です。

百済救済で九州に出向いたのが、天智天皇の母である斉明天皇。この方が九州

註8　古代律令時代の役所は「大宰府」、地名や天満宮は「太宰府」と表記する（太宰府市ホームページより）。

で亡くなってしまい、冥福を祈るために発願したのが観世音寺の始まりと言われています。

「言われている」というのは、古い寺社の歴史をたどると必ずぶつかる常套句です。「言われている」ことが事実だったのか、それとも後世の作り話なのか、それとも闇の事実を隠すためのタテマエなのか、そのへんに考えをめぐらせる必要があります。この本はタテマエの裏にある本音を深読みするのがテーマなので、ちょっと想像を膨らませてみましょう。

太宰府は、朝鮮半島の玄関口である博多の奥にあたり、国防の一大拠点。ここに寺を建立したのは、母君の弔いもあったでしょう。しかし、それだけではないような気がします。

この地の守りを固めるために観音の呪力を用いるという目的もあったのではないでしょうか。観世音寺は、実際の完成はのちの時代の天平18年（746）で、ちょうど仏像と国家鎮護が密接にリンクしていた時期にあたります。現在でも5メートルを超す不空羂索観音をはじめ、何体もの巨大な観音像が並び圧倒されます。中心に立つ馬頭観音像が、怒声を発するように口をひらき忿怒の形相で遠くの見えない敵を威嚇しているようです。

先ほどの大野城も、宝亀5年（774）には四天王を祀る**四王寺**が建立されますから、やはり仏像の力に頼りたくなるような重要拠点だったようです。

日本最初の寺院・法興寺（飛鳥寺）も、蘇我氏の土地を利用した私寺ではありますが、実際の目的はヤマト王権の安泰を願うものだったようです（『古代日本の東アジア交流史』鈴木靖民著・勉誠出版）。当初から、国の護持を願っての寺であり仏像であったわけで、さらに次の時代からいよいよはっきりと国家鎮護の目的が謳われるようになっていきます。

3 白鳳時代 日本らしさと海外文化の間で模索する

はじめての条坊都市「藤原京」

飛鳥時代は、まだ碁盤の目状の街路がある「京」は無く、天皇の宮殿がある地が都でした（実際は天皇という言葉もなく大王《おおきみ》だったのですが）。飛鳥時代とは言いますが、実際は飛鳥以外の土地に宮殿が何度か遷されていて、天智天皇は飛鳥の北方、琵琶湖を望む近江の国に**大津宮**を建設してそこで政務を執りました。

その後、古代史最大の戦乱と言われる壬申の乱で、天武天皇が即位（672年）。都が近江から飛鳥に戻るのですが、そのあと倭国に碁盤の目状の街路を整備したはじめての「京」が建設されます。

これを**新益京**《あらましきょう》と言うのですが、**藤原京**という名前の方が知られているので、本書でも藤原京と言いましょう。

美術史上では、この藤原京に重なる時代を「白鳳時代」[註9]と呼びます。この時代、仏像もガラリと変わります。

白鳳時代の仏像

この時代の仏像の代表作は、**興福寺**所蔵の「**仏頭**」です。興福寺の東金堂に、薬師如来として安置されていました。

見てのとおり、この時代の仏像ははちきれんばかりの真ん丸な顔をしています。そして鼻筋が通って、遠くを見据える目線。

註9　ただし、歴史の分類では白鳳という名称は使われない。じつは白鳳という言葉の出どころは不明で、当時の年号「白雉」の美称であるなど諸説ある。

仏頭（旧東金堂本尊）　興福寺 蔵
提供：便利堂

希望にあふれた青年、いや少年と言ってもいいくらいの若々しさにあふれた顔立ちで、とても明るい印象です。天武天皇7年（678）に造り始め、14年（685）に完成しました。

この仏頭とよく似た顔の仏像が、東京にもあります。調布・**深大寺**の像で、お寺に行けばいつでも拝観できます。興福寺の仏頭とよく似た顔をしています。椅子に腰かけるかたちの「倚像《いぞう》」というスタイルも、白鳳仏の特徴です。

菩薩像でよく知られるのは、法隆寺にある夢違観音です。悪夢を良夢に変えるという言い伝えがあります。真ん丸な顔は如来と同じで、冠の飾りがおでこの上と両耳の上にあるのも特徴。これを「三面頭飾」と言います。胸飾りの、円弧を描くようなデザインもこの時代によく見られます。

こうした白鳳仏も、海外からの影響が色濃い仏像で、当時の中国・唐の影響が大きいのです。

時代の終わりに死んだ願主

ちなみに、この仏頭は今でこそ興福寺の所蔵ですが、造仏当初は藤原京と飛鳥を結ぶあたりにあった**山田寺**の本尊でした。それを、文治3年（1187）に興福寺の僧兵が強奪していったのです。興福寺はそのころ、**平重衡**《しげひら》による焼き討ちから復興をめざしていた時期なのですが、それにしても当時はお坊さんも武装して、だいぶ強引なことをする時代だったのですね。その後、火災に遭って頭だけの姿になりました。

飛鳥の山田寺は、中大兄皇子や中臣鎌足とともに乙巳の変を実行した、**蘇我倉山田石川麻呂**の私寺です。石川麻呂は、自分の娘を中大兄皇子に嫁がせて関係を深め、大化の改新で出世も遂げましたが、そのあと大化5年（649）、謀反の疑いをかけられ自害します。このへんの経緯は謎が多いですが、中大兄皇子の陰謀ではないかという説もあります。これが本当なら、いわば自分の婿に殺されてしまった格好です。

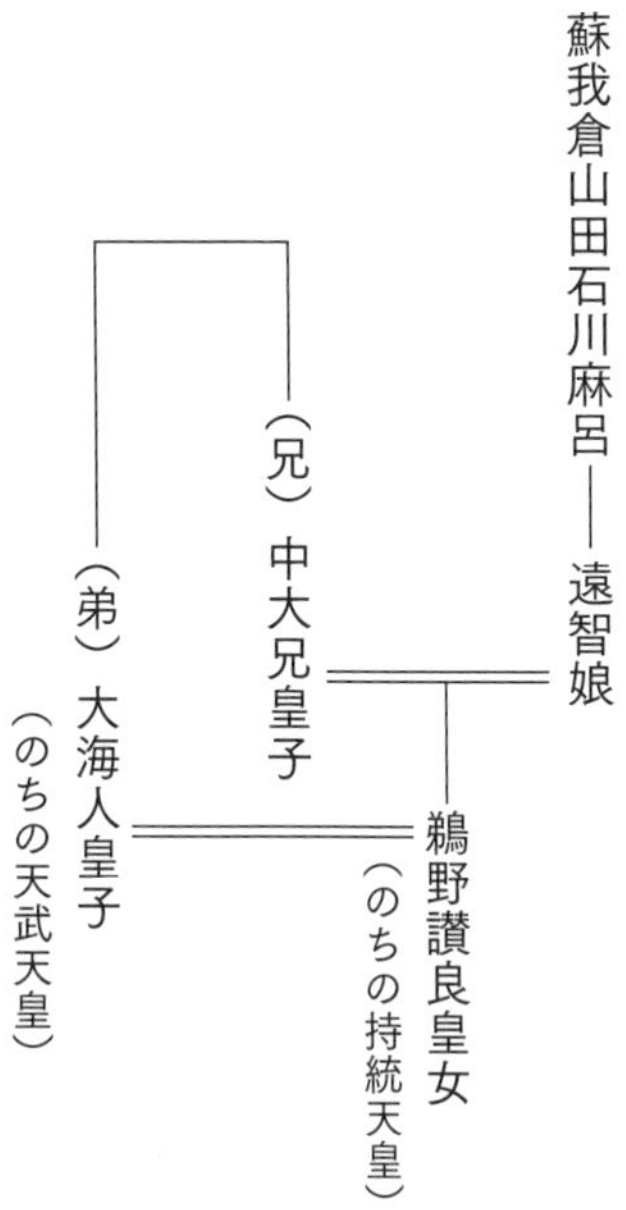

主を失ってしまった本尊

は、石川麻呂の死から40年ちかく経ったのちに完成。そのころは、壬申の乱後の天武天皇からその皇后の**持統天皇**へと時代は移り、藤原京の建設も進み、白鳳文化花開く時代へと移っています。願主のいない寺に、わざわざ時間をかけて当時最新のスタイル（白鳳様式）の本尊を祀ったのは、相当な理由があったのでは、と想像してしまいます。

じつは、この仏像造りに関わったのが天武と持統の夫婦と言われています（『仏像：日本仏像史講義』山本勉著　平凡社刊）。持統天皇は即位前の名を**鸕野**《うのの》**讃良**《さらら》**皇女**と言い、中大兄皇子の娘で、石川麻呂の孫に当たります。もし陰謀説を信用するとしたら、石川麻呂は父の陰謀によって死に、その父ももういません。無念のうちに死んだ石川麻呂の怨念を封じるため、どうしても仏像が必要だったのではないでしょうか。本尊は現世利益の薬師如来だったとされますが、願主の菩提を弔い、無念の魂を鎮める役目があったかもしれません。しかし、そんな暗い歴史を忘れるかのように、仏頭の表情は白鳳らしい明るい顔立ちで、その視線は次の時代へ向いていたのでした。

「倭」が「日本」になる

この時代、倭国は大きく変わります。ひとくちに言うと、唐の長安を見習って、わが国にも（当時なりの）近代化プロジェクトがあった時代です。

第一のプロジェクトの一つが藤原京の建設です。天武天皇の時代にはもう建設が始まっていたようですが、完成はその次の持統天皇の時代です。要所に神社を置いて都の守護とし、薬師寺や大官大寺など、朝廷の息のかかった、いわゆる国家プロジェクトの寺院が建設されました。

第二のプロジェクトが律令制の整備です。律は刑法、令は民事法や行政法などに相当します。これによって、有力貴族の勝手な判断を防ぎ、土地の管理や租税徴収の制度を整備しようというものでした。これも完成まで長い時間がかかりましたが、プロジェクトの始まりは天武天皇のころで、その次の次の代である文武天皇の時代に「大宝律令」として一応の完成に至ります。

この時期にあったとされる大きなできごとが、国号の制定です。まだはっきりはしていませんが、この時期に国の名前として「日本」という国号が制定されたようです。

日本には、たとえば大和や近江や尾張などといった「クニ」があって、それぞれに豪族がいたわけですが、この時代は「クニ」の垣根を越えて、「日本」として団結したいという機運があったのではないでしょうか。少なくとも奈良のヤマト朝廷にとっては、地方豪族の争いはやめにして、日本という国でまとまりたい、そのために天皇中心の中央集権国家としてまとまろう、ということが急務でした。

というのは、白村江の敗戦のあと、朝鮮半島は新羅が覇権を握り、中国大陸は唐が大帝国として発展。その中で、自分たちだけ内部分裂している場合ではなかったのです。

白鳳時代の明るい表情。そこには、自分たちも、外国に負けない「一人前の国家」を造ろう。そんな時代の気運が反映されているのではないでしょうか。そして完成した藤原京。生まれたての若い国のイメージが、白鳳仏の若さ溢れる顔立ちにリンクします。

第3章

恐怖の仏像による国防と怨霊対策

天平〜平安前期

1 天平仏 威厳の奥にある「呪力」

威厳と呪いにあふれる天平の表情

時代は「天平」に移ります。奈良の平城京を都としていた時代を言います。歴史の教科書では奈良時代と呼ばれますが、美術史上では「天平時代」と言うことが多いです。

この時代の仏像をいくつか、ざっと見てみましょう。

まずは、私が個人的にも好きな仏像に入る、東大寺法華堂の不空羂索観音です。八臂（八本腕）の異形で、背後には光り輝くオーラのようなものが表現されているようです。そして、表情はあくまでも厳しいもの。慈悲とか愛とか言うより、得体の知れない呪力に満ちているようで、背筋の凍る思いがします。

そして**唐招提寺**の**盧舎那仏**（毘盧遮那如来）。これもあくまで厳しい目つきで

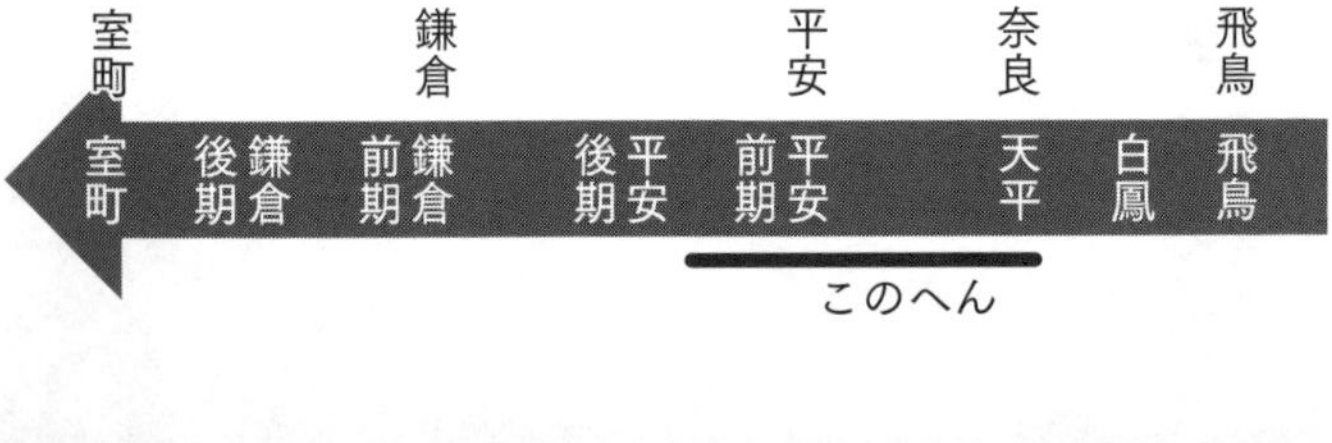

不空羂索観音　東大寺 蔵
©共同通信社／アマナイメージズ

盧舎那仏　唐招提寺 蔵
提供：便利堂

すね。

同じ唐招提寺の千手観音菩薩。高さが5メートルほどある巨大なもので、しかも実際に千本の腕（現在残るのは953本）を造りつけるものです。これだけ大きくて立派な仏像が登場するのが天平時代の特徴です。

さらに、有名な阿修羅があります。これは、技法が特徴的。**脱活乾漆**《だっかつかんしつ》という技法でできています。難しい名称ですが、非常に簡単に言うと張子づくりみたいなものです。縁起物のダルマみたいなイメージで、中が空洞になっています。脱活乾漆の仏像は、骨組みに麻布を巻き付けて原型を造り、その上に、漆に木の粉を混ぜてペースト状にしたもの（これを木屎漆《こくそ》と言います）を盛り付けます。この漆を多用した技法だと、微妙な彫刻表現が可能になるのです。あの有名な、愁いを感じる阿修羅の微妙な表情、あれは乾漆造りだからできたことなのですね。

なお、唐招提寺の千手観音菩薩は木彫で大まかに彫った上に木屎漆を盛り付ける**木心乾漆**《もくしんかんしつ》という技法を用いています。

当時も漆は高価なものでした。巨大な仏像も登場しますし、これらは制作に莫大なお金が使われたことでしょう。ここが天平の仏像を理解するカギになります。

千手観音　唐招提寺 蔵
提供：便利堂

阿修羅像　興福寺 蔵
提供：便利堂

莫大な予算はどこから出たのでしょうか。また、なぜ巨大化し厳しい顔になったのでしょうか。これは当時の日本の歴史を紐解くと分かります。

四天王の加護で「国家鎮護」

飛鳥時代の聖徳太子のエピソードでも登場しましたが、四天王は、国家鎮護の守護神として古くから朝廷からの崇敬を集めました。

東大寺の正式名称は「**金光明**《きんこうみょう》**四天王**《してんのう》**護国**《ごこく》**之**《の》**寺**《てら》」と言って、要するに四天王の加護をもとに国家鎮護を祈る寺、という意味になります。

この考え方の根拠は、当時都にもたらされた『**金光明**《こんこうみょう》**最勝**《さいしょう》**王経**《おうきょう》』に基づいています。このお経は、インドで編まれた『金光明経』を、中国の義浄という僧が増訳して『金光明最勝王経』としたものです。その増訳した部分の「巻第五・四天王観察人天品第十一」で四天王が登場します。その記述を見てみましょう。

我等四王　皆共一心　護是人王　及國人民　令離災患　常得安穏

〝我等四王、皆共に一心に、是の人王及び国の人民を護り、災患を離れて常に安穏を得しめん〟

　というもので、四天王みずからが、このお経を信仰する王、国、人民を守護することを宣言しています。これが、四天王を国家鎮護の守護神とする根拠になります。さらに、ほかの部分では吉祥天など主要な尊格と国家鎮護の祈願が結びつけられています。

　天平時代の仏教は、国家レベルの目的を果たすものでした。民衆の幸せを祈ったかもしれませんが、それは、民衆が安泰に暮らせることがすなわち農業生産が安定することであり、ひいては租税徴収の安定、つまり国家の安定につながるからです。

　国の安泰、つまり国家鎮護を担う仏像は、さかんに拝まれたと思います。聖徳太子のエピソードからは四天王、そしてもう一つは観音菩薩です。

海外ブランドを拝む日本人気質

仏教が渡来した最初期から、観音菩薩と四天王については、どちらも現世利益をもたらす存在としてさかんに信仰されたようです。当時はまだ神仏習合する前の時代ですから、日本古来の八百万の神とは異なる、異国の神へどのように接したのか、とても興味が湧くところです。

おそらく、これまでの神と同等以上の呪力を感じたことでしょう。平たく言うと「よく効きそう」ということです。

なにか物事を成就させようとする時、古代の人々なりにサポートを求める対象が神や仏でした。聖徳太子や蘇我氏など「崇仏派」と呼ばれる人たちは、海外から来たばかりのキラキラした仏像に、より強い「効き目」を感じたのでしょう。その効き目を理解するために、経典の解釈も進み、学問仏教が飛鳥の都に定着します。

今も昔も、日本人は海外ブランドに弱いものです。海の向こうからやってきたものを有難がり、しかもそれを上手に生活に取り入れ、独自のアレンジをして、いつのまにか昔から日本にあったようなことになる。昔は仏像、昭和は自動車、平成は携帯電話（ガラケー）。どれを見ても、その導入と発展過程には日本人らしい性格が深く関わっているように思います。外来文化の受容と巧みなアレンジという、日本人の本質的な性格を物語っていると思います。

観音菩薩の「呪い」

その観音菩薩ですが、前章でもご紹介したとおり、東大寺法華堂の不空羂索観音は、太宰府で挙兵した藤原広嗣を呪殺する目的で造仏されたと言われています。

不空羂索観音の現世利益は20種あるとされますが、その中に国家鎮護の功徳も謳われ、この時代には、まるで国防対策装置のような位置づけだったのでしょう。そのためいかめしい顔つきの観音像が造られました。東大寺法華堂のほか、太宰府の観世音寺も白鳳期の創建と言われ、白村江での敗戦以来の国防的な意味合いもあった寺院です。そこにも巨大な不空羂索観音がいます。

時代は下りますが、奈良の興福寺南円堂の本尊も不空羂索観音です。これは、藤原氏が春日大社を氏神とした時、春日大社の神の使いとして鹿が神聖視されたのですが、不空羂索観音が鹿の皮を纏い「鹿皮観音《ろくひ》」という通称もあったことから、春日大社に関連する仏として祀られました。通常なら仏殿は南へ向くのですが、南円堂は春日山に向かって東の方向を向いています。

2 呪いが呪いを呼ぶ天平の憂い

長屋王――過熱する呪いの時代

奈良・平城京の時代は、まさに「呪いの時代」とも言えるほど、都では呪詛合戦が過熱していました。その発端とも言える有名な事件が、**長屋王の変**です。

長屋王は、天武天皇の孫に当たり、当時の最高権力者だった**藤原不比等**が亡くなったあと、朝廷の政治の中心人物となって、さまざまな政策を実施します。

しかし、時の天皇・聖武天皇が即位して5年ほど経った神亀6年（729）のことです。長屋王が「密かに左道を学びて国家を傾けんと欲す」といううわさが立てられました。「左道」とは、邪悪な呪詛といったような意味です。これにより、自宅を包囲され、長屋王は自害に追い込まれます[註10]。しかしこのうわさはどうやらライバル関係にあった藤原氏一族、通称「**藤原四兄弟**」の陰謀だったようです。そして、あとになってこの藤原氏四兄弟が相次いで病死します。これに驚いた貴族は「長屋王の呪いぢゃ」と恐れおののいたのでした。

ここで注目するのは「左道」にあるように、呪いのパフォーマンスが貴族の間で流行っていたことです。長屋王の変が起きたこの年、聖武天皇は呪詛禁止令を発布。こうした禁止令が出るということは、逆に言えば、それだけ呪詛合戦が流行していたということです。貴族たちは、ライバルを蹴落とすためにさかんに呪詛の儀式をしたのでしょう。

大流行した呪いのテクニック

奈良時代には、中国から「**蠱毒**《こどく》」や「**厭魅**《えんみ》」といった呪詛法が伝わっています。

註10　長屋王の邸宅地は、商業施設の開発によって、そごう奈良店やイトーヨーカドーになっていたが、いずれも短期で閉店し、「長屋王の呪いか？」という都市伝説も出ていたほど。現在も新たに大規模商業施設が稼働しているが、今後の動向が気になるところだ。

蠱毒は、動物や虫、蛇などを使う呪詛法です。たとえば器に蛇を何匹か入れて戦わせ、最後に残った蛇を殺し、その血を密かに相手に飲ませるといったやり方があるそうです。犬の首を切って使うこともあるとか。

厭魅は、紙を人の形に切った人形《ひとがた》を使います。これを呪う相手に見立てて念を込め、人形に針を刺したりして相手を呪います。

当時は、呪いやおまじないといった俗信が、リアルな「科学」だった時代です。貴族たちはこぞって呪詛をしたことでしょう。密教呪術をかじった僧たちも呪詛のサポートをしたことでしょう。

そして、もう一つのポイントは讒言《ざんげん》です。防犯カメラなど無い時代ですから、悪いうわさを立てられたらもう終わりです。やっていないことを証明するのは「悪魔の証明」と言って、非常に困難です。とくに皇位継承や政治の実権を握るため、ライバルを蹴落とすには讒言が手っ取り早いでしょう。その讒言の内容は、たとえば天皇を呪詛したとか、そういうタブーに踏み込めばよいのです。

この長屋王の変を皮切りに、呪詛と讒言による貴族同士の足の引っ張り合い、言い換えれば殺し合いは止まらず、奈良時代後期には「日本最強の怨霊」の一人に数えられる**井上内親王**の事件も起きます。これはあとでまたお話しします。

呪詛をネタにライバルを死に追いやった側は、勝負に勝った側と言えます。しかし、その勝ち方に後ろめたい気持ちがあったのでしょうか。なにか災いが起きると「だれだれの祟りぢゃ」と恐れることになります。これがのちに**怨霊信仰**として中世の信仰形態の根幹をなすことになります。

仏教的な禊「悔過」と「滅罪」

祟りを鎮めるための方策としては、穢《けが》れを落とすことが一番です。おそらく神道的な禊祓《みそぎはらえ》も行われたでしょう。

それから、奈良時代くらいから、仏教的な禊とも言える「**悔過**《けか》」がさかんに行われました。悔過とは、仏を前にして自分の悪い行いを懺悔する儀式のことです。これによって身を清浄にし、ひいては現世利益をもれなく得ようとするものでした。現世利益の仏である薬師如来と十一面観音菩薩、そして福徳をもたらす吉祥天が本尊になりました。

罪と言っても、必ずしも讒言など他人を陥れる罪に限りません。本来の悔過は、日々の暮らしの中での殺生など知らないうちに行ってしまう罪穢れを取り除くことが目的です。これが「**滅罪**」というもので、祈願する者は悔過によって滅罪をし、その結果得られる現世利益を増幅しようとしたのでした。

日本古来の信仰でも、まず心身のツミケガレを祓い、清浄にすることが重要視されますから、悔過の考え方もすんなり日本人に定着したのではないでしょうか。

つまり、神仏への祈願は、

1．悪いものを取り去る（マイナス方向の祈願）

2．利益を得る（プラス方向の祈願）

という、二方向の機能があると言えますね。

有名な寺院の悔過儀式としては、**東大寺二月堂**での十一面観音悔過、いわゆる「修二会」があります。大きな松明を持った修行僧が二月堂を走る様子や、若狭井という井戸からくみ上げた水を二月堂の本尊に捧げる有名な「お水取り」という儀式などは、現在でも奈良の早春の風物詩として取り上げられます。また、奈良の**新薬師寺**は、晩年の聖武天皇の病気平癒を願って薬師悔過を行う寺として建立されました。

神仏習合を加速させた聖武天皇の「反省」

さて、このような不穏な天平時代の天皇が聖武天皇です。この方、病弱だったとの記録もありますし、待望の皇太子が産まれるも一歳で亡くします[註11]し、世間では飢饉に干ばつ、その中で藤原広嗣の乱に長屋王の変と、まるで良いことがありません。

そんな中、聖武天皇は災いから逃れるため、さまざまな国家プロジェクトを起ち上げます。それもかなり無謀なものばかりなのですが。

その中で、仏像史に関わる非常に大きな出来事は、「**国分寺、国分尼寺建立の詔**」と「**大仏造立**」[註12]でしょう。歴史の授業で教わったことで、みなさんもご存知と思いますが、これが神仏習合の面でも非常に重要なことなので、あらためておさらいしましょう。

『続日本紀』天平13年（741）の条に記述されている「国分寺建立の詔」を見てみると、冒頭にこう書いてあります。

註11　息子の早すぎる死を悼んで、平城京の東の丘に金鐘寺を創建。これが東大寺の原形となる。

註12　世間では「大仏建立」という言い方が普通だが、東大寺の僧侶の方によると、建立は建物に使う言葉なので、大仏は「造立」との意見があり、本書でも「大仏造立」とした。

朕以薄徳　忝承重任　未弘政化　寤寐多慙

朕《ちん》の薄徳《はくとく》を以って　忝《かたじけな》く重任を承《う》け　未だ政化を弘めず　寤寐《ごび》多く慙《は》づ

とくに最初の「**朕以薄徳**」が重要です。聖武天皇みずから、「自分の徳が薄いばっかりに……」と反省しているのです。この文のあとも、過去の盟主は災いを除き福をもたらしたのに、自分は……、とぼやいています。

そのため、国分寺と国分尼寺を全国に造り、仏教の力で国を立て直そうというのが聖武天皇の意思でした。

これが、日本の仏像、仏教史の中で非常に大事な瞬間になります。

そもそも、原初的な天皇の役割は、八百万の神と交信し、神の言葉をもたらして、豪族たちの政治判断の材料にするというものでした。いわゆるシャーマンとしての役割です。つまり、天皇は日本古来の神との通信役です。それが、仏教が伝わって200年経った天平時代、天皇自らが、日本の神ではなく、外来の神（仏）を信仰する、と宣言したことになります。

これにより、ついに仏教は日本の公的な宗教になります。

ここで、国分寺と国分尼寺の正式名称を見てみましょう。

国分寺＝「金光明四天王護国之寺」

国分尼寺＝「法華滅罪之寺」

と言います。つまり、先ほど述べた「滅罪」と「護国＝現世利益の増幅」という、二つの祈願機能を分担していることが分かります。


こうして、いわば国の宗教となった仏教ですので、奈良の都（平城京）には、立派なお寺が建てられ、仏像が造られました。国の予算が投じられますから、仏像はより巨大に、材料も高価な漆をふんだんに使い、金銀や宝石も惜しげなく使われます。お寺と仏像は、国を守るための重要な拠点です。これまでに述べたような、国防装置、つまり、本書で言うところの「呪いの装置」として、仏像が役立てられる時代になったのでした。

もちろん、個々の寺院でさまざまな由来や思惑があったのですが、全体的な「時代の空気」というものを想像してください。時代は、近代科学が浸透する一千年以上も前の話です。現代なら迷信として片付けられてしまうことにも、この時代は本気で取り組んでいたわけです。神仏のパワーを国の運営に活用するという、国家プロジェクトが進んだのです。

そして、いよいよ日本古来の信仰と仏教が入り混じり、神仏習合が進んでいくことになります。

呪いから逃げるための遷都

聖武天皇は引っ越しも繰り返しています。何か災いがあると、それを避けるために居住地を変えるのです。引っ越しと言っても「遷都」ですから、かなり大規模なプロジェクトで、それを頻繁にやったのですから、相当な国力を投資したことでしょう。

まず、本書で何度か出ている藤原広嗣の乱が天平12年（740）、それを境に都を遷すことにした聖武天皇は、この年の年末には平城京から北側にひと山超えた、南山城の地に遷都しました。これが**恭仁京**《くにきょう》です。国分寺建立の詔は恭仁京で発布されました。

天平14年（742）には、琵琶湖の南東に離宮である**紫香楽宮**《しがらきのみや》を建設。たびたび行幸し、恭仁京と同時進行で新都の建設が行われたようです。この翌年の天

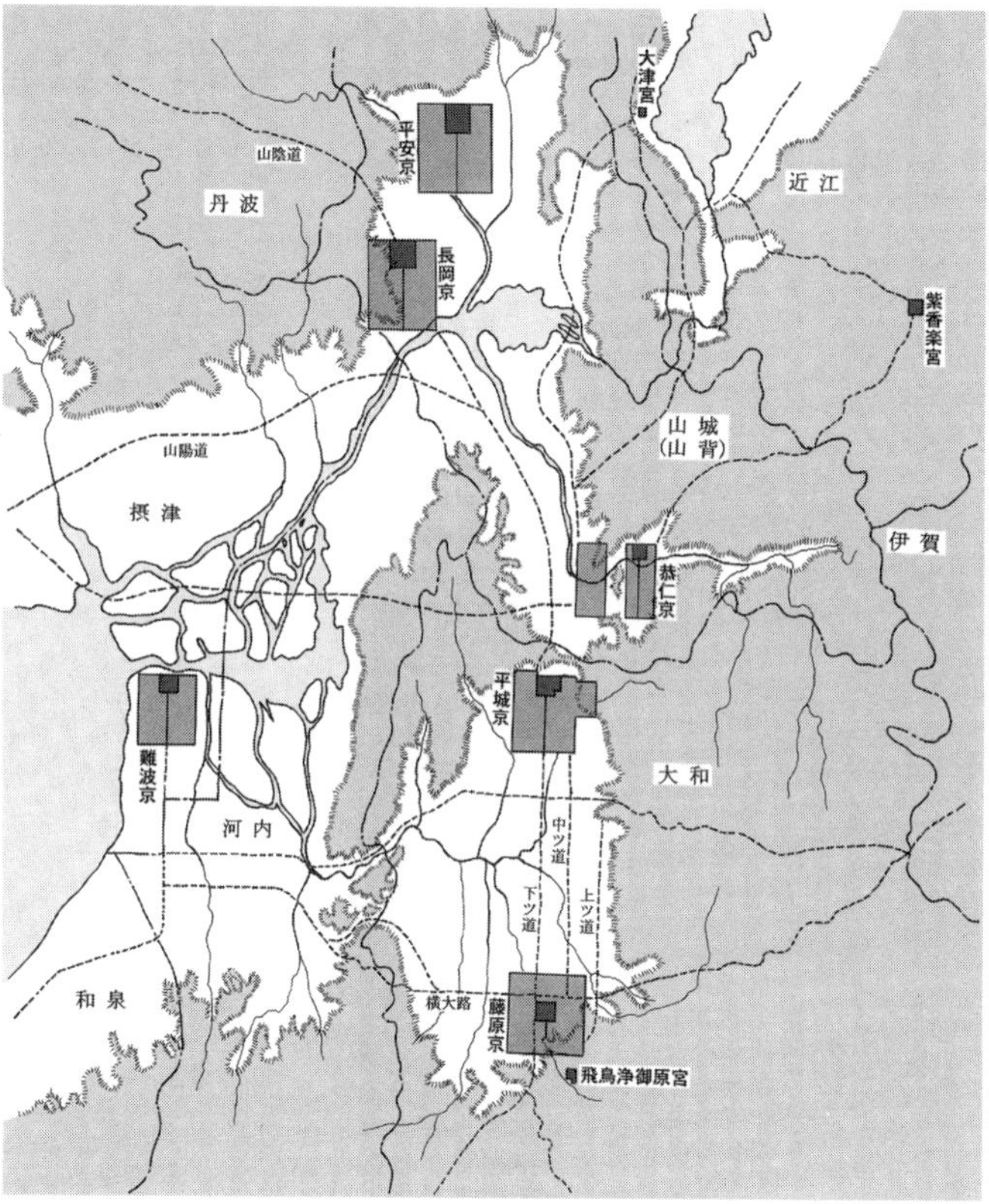

古代の都の遷都　出典：奈良文化財研究所

平15年（743）には、大仏建立の詔が出され、紫香楽宮で大仏造りも始まります。

しかし、災いは収まらなかったようで、天平16年（744）には**難波京**に遷都。その翌年には平城京に戻ります。新都に遷ったにもかかわらず、天災や飢饉など凶事が続いたからのようです。

3 カミと仏が手を結ぶ

大仏造立を助けたカミ「八幡神」

日本古来の神ではなく、仏にすがることにした聖武天皇。彼が次に打ち出したプロジェクトが、大仏の造立です。天平15年（743）に詔が出ました。都に巨大な毘盧遮那如来を造り、それを中心にして全国の国分寺の仏像の「パワー」の連鎖で国をまとめようとしたのです。

当時の聖武天皇の拠点は、紫香楽宮でしたので、大仏造りもそこで始まりました。しかし、先ほど述べたように遷都が繰り返され、結局は平城京の東大寺で造立されます。

造立には、**行基**や**良弁**といった僧の尽力がありました。それは、歴史の授業で習ったとおりですが、途中で、八幡神みずからが造立の手伝いをするという出来事がありました。これは、のちの仏像史や宗教史に非常に大きな影響をもたらす出来事だったと思います。

八幡神は、九州・大分県宇佐市に位置する**宇佐神宮**が総本社です。その発祥は諸説ありますが、同地域の御許《おもと》山に八幡神が現れ、祀られました。この地域を支配する豪族が祀る地方神に過ぎなかったと思われます。その後、朝廷の九州支配に加担して、隼人族の征伐で成果を上げます。勇ましい武神として朝廷から認められ、神亀2年（725）に社殿建立。聖武天皇が即位して間もない年です。

こうして、ますます天皇との関係を深めたのち、聖武天皇の仏教政策に呼応するかのように、境内に弥勒寺という寺院が建立され、かなり早い時期から神仏習合の形態ができていました。

言葉を発するカミの情報戦

八幡神はさかんに「託宣」を下すことで知られます。託宣とは神のお告げのことで、巫女に取りついた神が言葉を発するというものです。

時は天平19年（747）。大仏造りも進んでいますが、鋳造のための銅や、表面を金メッキするための金が大量に必要です。この調達に苦心し、朝廷の使いが八幡神に祈願。すると託宣がありました。

その内容は、一つには、

――われ天神地祇を率い、必ず成し奉る。銅の湯を水と成し、わが身を草木に交えて障ることなく成さん――

（八幡神が日本の八百万の神を率いて、必ず成功させましょう、煮えた銅を使い、身を投げうって支障なく事業を進めよう）

また、朝廷は金を唐から輸入しようとしますが、

――求むる所の黄金は、将に此の土より出づべし。使を大唐に遣すなかれ――
（金は日本の国土から出るだろう。使者を唐に送るな）

つまり、「金は輸入しなくてもよい」と言うのです。実際に、天平21年（749）、陸奥の国から大量の金が採掘され、献上されました。これで、朝廷での八幡神の信頼度は非常に増したことでしょう。さらに同年、大仏を拝するために八幡神が奈良までやってきます。巫女に神を降ろし、輿に載せて移動するのです。これがお神輿の発祥と言われます。

大仏造立を助け、仏教交流に協力した八幡神は、「**八幡大菩薩**」という称号を与えられ、皇室と仏教の守護神となります。東大寺には**手向山八幡宮**がありますし、薬師寺には**休ヶ岡八幡宮**がありますが、こうして奈良の寺院は八幡神の加護を得ることになるのです。神と仏があゆみよって、一体となった瞬間です。その目的は国家鎮護にほかなりません。

なお、陸奥での金の発見については、宇佐八幡に派遣された良弁と、奈良の仏像造立を指揮した**国中《くになかの》連《むらじ》公麻呂《きみまろ》**、そして陸奥守であった**百済王《こにきし》敬福《きょうふく》**という

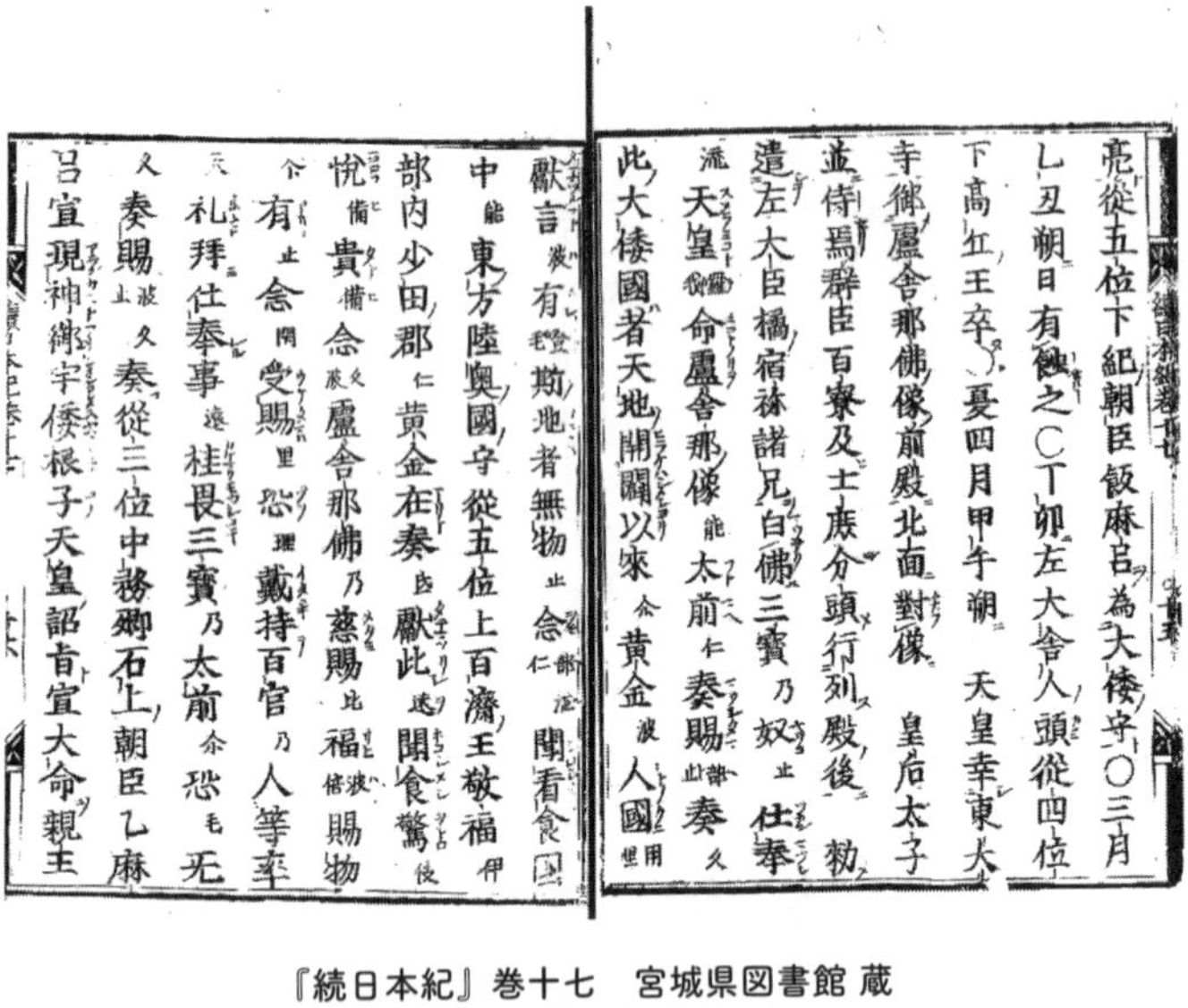

亮從五位下紀朝臣飯麻呂為大倭守○三月乙丑朔日有蝕之○丁卯左大舍人頭從四位下高丘王卒○夏四月甲午朔 天皇幸東大寺御盧舍那佛像前殿北面對像 皇后太子並侍焉群臣百寮及士庶分頭行列殿後 勅遣左大臣橘宿祢諸兄白佛三寶乃奴止仕奉流天皇羅我命盧舍那像能大前仁奏賜部止奏久此大倭國者天地開闢以來尓黄金波人國用理

獻言波有毛斯地者無物止念部流仁聞看食國中能東方陸奥國守從五位上百濟王敬福伊部内少田郡仁黄金在奏弖獻此禮聞食驚岐悦備貴備念波盧舍那佛乃慈賜比福波倍賜物尓有止念閉受賜里恐理戴持百官乃人等率天礼拜仕奉事遠挂畏三寶乃太前尓恐毛无奏賜波久奏從三位中務卿石上朝臣乙麻呂宣現神御宇倭根子天皇詔旨宣大命親王

『続日本紀』巻十七　宮城県図書館 蔵
“百済王敬福”の記述がみえる

三人の人物が関わっています。公麻呂と敬福は百済系の渡来人の系統とされます。

これに関しては、一つの推測があります。ひょっとしたら、良弁を軸に、渡来人ネットワークによって金の情報が渡っていたのかもしれません。それを知っていたうえでの託宣だとしたら……、朝廷の庇護を得るためのなかなかの策略と言えるのではないでしょうか。

実際にこうしたネットワークがあったかどうかは、確証のないことですので、歴史ミステリーの一つとして聞いていただければと思います。

道鏡事件——激化する後継争い

こうして、聖武天皇の無謀とも言える数々のプロジェクトによって、日本は仏教国になります。時代は次の**孝謙天皇**に移ります。聖武天皇の娘に当たる、女性の天皇です。

孝謙天皇は、**藤原仲麻呂**のサポートを受けて政治をこなし、一度退位、上皇となります。この時代も、次期天皇の座を狙った足の引っ張り合いは続きます。サポート役だった藤原仲麻呂が反乱を起こすも朝廷軍が鎮圧、仲麻呂は処刑。そのころ、孝謙上皇を助けるようになったのが、**道鏡**という僧です。二人の最初の出会いは孝謙上皇が病に伏せたのを助けたのが始まりで、以降、孝謙上皇は道鏡に心酔したのか、何かと彼を頼るようになりました。

独身を保っていた高貴な女性を助けたのが、逞しく頼り甲斐のある男性、しかも最新の知識を持つインテリでもある。このようなシチュエーションから、後世の歴史ファンから見れば、孝謙と道鏡の関係は歴史上の大ロマンス、もしくはスキャンダルとして興味を引きました。道鏡が巨根の持ち主だったという俗説は江戸時代には広まっていたようで、「道鏡は、座ると膝が三つでき」という川柳もあるくらいです。

しかし、道鏡と孝謙の関係が実際はどういうものだったのか、真相は不明です。ただ、孝謙上皇からの絶大な信頼を勝ち得て、政治の指揮を執ったことは確かです。そして上皇はもう一度即位（重祚）して**称徳天皇**となります。

詳しい歴史の話はできるだけ省略しますが、このころの朝廷は、

1．天皇の後継をどうするか

2．その周囲で政権を固める藤原氏

という二つの動きがあります。

仏教に深く帰依していた称徳天皇は、不思議な現象が起きると、それを仏教的な奇瑞として信じました。天平神護2年（766）には、都の中心にある海龍王寺で仏舎利が出現するという奇跡が起きました。これを機に寵愛していた道鏡を法王の位に就かせます。

神護景雲3年（769）には、八幡神の託宣が下ったとの連絡がありました。なんと次期天皇は道鏡にせよ、との内容です。これで道鏡派と反道鏡派の間で一触即発の事態となります。

ここで、**和気清麻呂**という官人が宇佐へ赴き、もう一度託宣を取ってきます。その結果は、先の託宣はまちがい、といった内容でした。これによって道鏡は失脚します。これが「道鏡事件」と呼ばれるものです。

この事件の歴史的な考察はいろいろあるのですが、それは歴史学者の先生方におまかせしましょう。ここでのポイントは、神の言葉が政治に深く影響を及ぼしていて、仏教のプロである僧が政治の中枢にいたという点です。この間、さかんに寺が建立、整備され、たくさんの仏像が造られました。国家の運営に、神や仏の霊力が欠かせなかったのです。

ただ、その神や仏の力の背後には、政治を動かす人間たちの思惑があります。想像してみてください。人々を説得するのに、人間自身があれこれ演説するより、神仏のご威光というかたちをとるほうが格段に説得力があります（少なくとも当時はそうでした）。だから、どの国でも宗教はさかんに政治に利用されたのでした。日本の場合、その最たる例が天平時代ということになります。

また、有名な**春日大社**が創建されたのもこの時期、神護景雲2年（768）です。平城京遷都を仕掛け、藤原権勢の基盤を作った大人物である藤原不比等が、奈良の春日山を崇めたのですが、そこに立派な社殿が建ちました。藤原氏は、興福寺と春日大社を結び付け[註13]、神の威光と仏の功徳をバックに、強大な権力を固めていきます。

天平期のいかめしい観音たち

天平期の、なかなか闇の深い歴史を紐解いてみましたが、こうした時代背景をふまえて仏像を見ると、よりイメージが広がると思います。あらためて見てみましょう。

註13　春日大社の第一神である武甕槌命（たけみかづちのみこと）の本地仏は不空羂索観音菩薩とされた。興福寺南円堂の本尊は不空羂索観音菩薩で、春日山の方向を向いている。

この時代、平城京に本尊として祀られた仏像で、注目されるのは、薬師如来と観音菩薩、つまり「二大現世利益仏」です。中でも、観音菩薩は現在でも拝観できる像がいくつかあります。

観音さまは慈悲深い菩薩ではありますが、天平の時代、国を背負って本尊となった観音菩薩は、あくまで厳粛な顔つきで、敵をその視線で射抜くかのような、冷たい視線を投げかけています。

その筆頭は、本書に何度も出ている、東大寺の法華堂（三月堂）の不空羂索観音菩薩。

さらにこのころ、千手観音菩薩の信仰が伝わってきます。十一面、不空羂索などの変化観音は知られていましたが、中でも千の手を持つ千手観音の功徳はほかを凌駕しており、「**蓮華王**」との異名があります。千は無限を表し、無数の手で無数の人々を救うというのが千手観音で、古い時代はそれを忠実に造形化し、実際に千の腕を備える観音像を造りました。その驚異的な姿は天平人を圧倒したことでしょう。

この時代の千手観音の代表は、まず唐招提寺の像。現在も953本の手があります。5メートルほどの巨大な立像で、圧倒的な力を感じます。

もう一体は、大阪の**葛井寺**《ふじいでら》です。こちらは現在も1041本の腕があり、バサッと翼を開いたかのような華麗なフォルムです。坐像の姿で、如来に代わって本尊としての威厳を示しています。

この両像とも、表情は非常に厳しく、先ほど述べたような、冷たい「天平の視線」が見られます。

十一面観音の信仰も盛んで、代表的な像と言えば、京都の南山城（奈良の北隣）にある**観音寺**の像。今でこそのどかな土地ですが、ここはちょうど恭仁京から伸びる街道に位置します。だからこんなに立派な像があるわけですね。

この像は、くびれのある妖艶なプロポーションが知られますが、その姿は日本人離れしたものであり、まだ仏像が輸入文化であることを示しています。

聖林寺《しょうりんじ》の十一面観音もこの時代の有名な像です。こちらは近隣の**大神神社**《おおみわじんじゃ》のご神体の本地仏として拝まれていました。すでに神仏習合の考え方が表れています。十一面観音と言うと、通例では片足を踏み出して歩み出す姿がよく知られますが、観音寺、聖林寺の両像とも、そういう表現は見られず、両足を揃えて直立しています。古い時代の様式ということもありますが、どちらもご本尊であり、言わば「ご神体」の代わりのような存在となると、直立姿勢にすることがあるよ

十一面観音菩薩　観音寺 蔵

十一面観音菩薩　聖林寺 蔵

うです。

これ以降の時代、十一面観音は、足を踏み出す動的な表現が出てくるいっぽうで、神社の祭神の本地（つまりご神体の代わり）として造られる場合も多く、その時は坐像や直立姿勢で表現されるものも見られます。

冷酷な眼に宿る呪力

このほか、この時代の仏像で見逃せない像と言えば、東大寺の**戒壇堂**の優美な四天王の塑像があります。とくに広目天は、精悍な顔立ちで女性ファンの多い像です。調査によって、この四天王は当初、法華堂に安置されていたと思われます。現在、伝日光菩薩、伝月光菩薩と呼ばれる塑像がありますが、これが本来は梵天と帝釈天で、四天王とともに不空羂索観音の周囲に並べられたそうです。

これらの仏像の顔立ちは、どれも天平らしい細くくねった目つきが特徴です。とくに葛井寺の千手観音像との共通性が指摘されていて、これらの像はどれも当時の仏師である国中連公麻呂という人物が造仏指揮したとされます。先ほど八幡神の項目で出てきた人物です。

また、現在の法華堂に安置されている梵天、帝釈天像もご注目ください。4メートル近い迫力ある身体に、目つきがやはり非常に冷酷な印象で、その畏怖の造形が私はとても好きです。学生時代からじっとこの姿を拝し、背筋がゾクゾクするような魅力を感じたものでした。

東大寺法華堂の仏像群は、どれも天平期の仏像の代表です。その冷徹な目つきと重々しい姿態は、災い多かった時代に、邪気を払うための霊力呪力に満ち溢れています。仏像が、美術品ではなく、何かの目的を遂げるために造られた「呪力装置」であったことを実感します。現代では想像もつかないほど本気の姿勢で、霊力や呪力が活用されていたのです。

4 呪いから逃れるための平安京

井上内親王――最強の女性怨霊誕生

朝廷内での貴族同士の呪い合戦は、奈良から平安にかけて収まることはありませんでした。先ほどの藤原仲麻呂の乱など奈良時代の後半に何度か起きた内乱の発端はだいたい「誰々が誰々に呪詛をした」と罪を着せ、討伐に出るというパターンです。

また、皇位継承をかけて皇太子の母親（内親王）同士の足の引っ張り合いが起きます。有名な事件ですと井上内親王（光仁天皇の妻）と息子の**他戸《おさべ》親王**の事件です。なんと、井上内親王が、夫である光仁天皇を呪詛しているとの讒言があり、次期天皇候補だった他戸親王は位をはく奪。さらには、光仁天皇の姉である難波内親王への呪詛も告発され、流罪となりそのまま流罪先で死亡します。これによって、ライバルだった山部親王が即位し、**桓武天皇**になります。

しかし、その後天変地異など災いが続き、井上内親王の祟りとして恐れられました。こうして怨霊の祟りというものが都の貴族に重くのしかかり、次の平安時代へ動いていきます。

災厄から逃れてたどり着いた平安京

桓武天皇の母である高野新笠は、百済系渡来人の血筋なので、桓武天皇は日本と百済のハーフ（現代の言い方ではミックス）になります。そういう事情もあり、皇位継承は微妙だったようですが、井上内親王と他戸親王が亡くなったおかげで即位に至りました。

ここでついに、桓武天皇が平城京を棄てることを決意します。あまりにも災いの多いこの都から新天地をめざします。遷ったのは長岡京。延暦3年（784）のことです。

しかし、ここでまた事件が起きます。長岡京造営に尽力した藤原種継が暗殺されました。この殺人事件から派生して、桓武天皇の弟である**早良《さわら》親王**が事件の首謀者だという讒言が出て、流罪となります。早良親王は無罪を主張するためハンガーストライキを決行、そのまま無残にも餓死してしまいます。その直後、都では桓武天皇の妃や、母・高野新笠の死、さらには洪水など災いが多発。早良親王も怨霊と認定されます。

せっかくの遷都でしたが、早くも怨霊が出てしまいました。桓武天皇はさらに新都に遷ります。時は、長岡京遷都から10年後の延暦13年（794）。いよいよ平安京の時代に入ります。

桓武天皇は、それまであった、奈良での仏教勢力と朝廷のあまりにも濃い結びつきを、一度リセットしたかったようです。東大寺や興福寺、大安寺といった古寺はそのままにして、都の機能だけを移動、京域に古くからある私寺を除いて、新たな寺院の建立は禁止され、特例として東寺と西寺だけが新造されました。

旧地の鎮魂で生まれた「観光名所」

この時、旧都・奈良の後始末として建立されたのが、今では観光名所としても有名な秋篠寺です。

この境内地に**八所御霊神社**という神社がありますが、ここには井上内親王や早良親王など、この時代に恐れられた怨霊がまとめて祀られています。ここは平城京に隣接し、古墳も多いエリア。ここで怨霊の祟りを抑えて、新都・平安京の運営をスタートさせました。

しかし、怨霊の祟りはいっこうに鎮まらず、さらに恐怖を増していくのでした。

秋篠寺は、仏像ファンにはよく知られた伎芸天がいます。歌が上手というエピソードがある芸能の神で、小首をかしげてほほ笑む姿が大変人気です。しかし、この像は本来は何だったのかは不明で、梵天か帝釈天だったのだろうというのが通説です。お寺の本尊は薬師如来。ここで薬師悔過が行われたのかもしれません。また、別の堂には恐ろしい姿をした戦争の神、大元帥明王がいて、のちに流行する真言密教のおどろおどろしい世界が展開されています。私自身も伎芸天の大ファンで、よく拝みに行ったものです。現在は観光気分で楽しめるスポットですが、歴史の闇の部分にも注目すると、より深みのある旅が楽しめると思います。

怨霊の防御策、風水

平安京の建設で、桓武天皇やそのブレーンは、陰陽五行説に基づく方位除けをかなり重要視していたようです。よく知られた話は、都の鬼門の方位（東北）に当たる比叡山延暦寺を、都の守護に当てたことです。反対方位の裏鬼門（西南）には、石清水八幡宮が守りを固めます。

さらには、広い都全体のみならず、朝廷が政務を執る内裏の区画から見た方位守護にも念を入れました。内裏の鬼門には、出雲寺という寺があり、毘沙門天が祀られていました。毘沙門天は、北方や東北の守護神です。のちに、この出雲寺の地に御霊神社、つまり怨霊を鎮める神社が鎮座することになります。

のちには、洛中にも鬼門に当たる位置に赤山禅院を配置。これは、延暦寺の別院ですが、中国道教の神を祀る寺です。

要するに、中国由来のシステムに基づいて、仏も日本の神も中国の神も「使えるモノはぜんぶ」活用するのです。こうしたいわば節操のない宗教政策によって、いっそう神仏習合が進んでいくことになります。もう仏像や寺院も仏教だけでは理解できない段階になり、序章で述べたような「仏像は、仏教だけでは分からない」という世界に突入していくのです。

収まることのない怨霊の祟り

こうして始まった平安時代ですが、まったく「平安」ではない暗い時代が続きます。

平安京に遷都をしても、まだ井上内親王や早良親王の祟りから逃れられませんでした。朝廷は何度も怨霊に対して鎮魂の儀式を行い、もう死んだ人間ではありますが、一度はく奪した地位名誉を回復。早良親王は**崇道天皇**と追号されました。さらには、墳墓を改葬して手厚く葬るといったことを、平安時代前期のころに執拗に行っています。

延暦19年（800）には、富士山が噴火。その後すぐ、先ほど述べた井上内親王や早良親王の名誉回復がなされました（皇后位の復活、崇道天皇の追号）。

その後、貞観6年（864）に富士山が再度大噴火。この貞観年間は災害が多く、東北をはじめとする各地の大地震もこのころ起きています。

こうした中、貞観5年（863）には都で**御霊会**が行われ、以降恒例となりました。現代の「祇園祭」の原型がこれです。経典の転読などの仏事や歌舞を行って、怨霊を鎮める儀式です。天変地異に対しては、もう神仏に祈るしか術はありません。仏教も神道も道教も総動員して、時の朝廷はもう「できることはなんでもやる」スタンスで、なんとかして災いを鎮めようとします。

そして、内裏の鬼門にあった出雲寺の境内に怨霊を鎮める神社を造りました。これが**御霊神社**で、のちに上御霊神社と下御霊神社に分かれます。

恐ろしい怨霊の魂を鎮めることによって、災いを抑え、現世に生きる人たちの守護神に変えようとする信仰を怨霊信仰と言います。死んだ人間の荒ぶる魂が災いをなすとき、その人間を神として崇敬し、魂を鎮めようとするのです。

一般的に、人間の信仰観念は、

1. **敬神観念**
2. **鎮魂観念**

の二種類あるとされます。敬神観念は、人智を超えた大いなる存在（＝神仏など）を敬うもの。鎮魂観念は、荒ぶる神や怨霊などの魂に対して鎮めようとするものです。

もともと、古来の信仰では自然そのものが神でした。自然は、恵みを与えることもあれば、災いも与えます。川は、作物の豊穣がある反面、洪水を起こす。海は魚介の恵みの反面津波を起こす。山も恵みと災いの両面があります。

そこから派生した古い神は、たいてい善と悪の二面性を持っています。第1章で紹介した大黒天など、天部（インド神話の神）もそうですし、日本神話の神々も、**和魂**《にぎみたま》と**荒魂**《あらみたま》という二面性[註14]をもたらします。

その、荒ぶる面の方をより重視して、人間たちが鎮まれ鎮まれとなだめる、このかたちは、人類の原初的な信仰に通じるものです。

人々が怨霊の災厄に押しつぶされそうになった時代、いよいよ空海が登場し、時代が動いていきます。

註14　神社関係の人の言い方では、荒魂とは「神の作用が強まった状態」と説明され、必ずしも災いをもたらすものではないが、ここではまず二面性があるということをご理解いただければと思う。

5 空海登場　進化する呪いと仏像

空海　唐より帰る

このような時代の空気をふまえたうえで、空海が登場した時のインパクトを考えてみましょう。

おそらく、都の人たちには衝撃的なことだったでしょう。意地悪な言い方をすれば、空海にとってはちょうどよい時代だったのかもしれません。当時、最新にして最強の呪術システムである「密教」をひっさげて、空海は時代の寵児としてのしあがっていきます。

空海は、延暦23年（804）に遣唐使の船に乗り込み、長安の青龍寺で恵果和尚から密教の奥義を伝授されました。帰国したのが延暦25年（806）ですから、留学期間は2年間です。本来は20年の予定だったのが、こんなに早く帰ってきてしまいました。その真相はよく分かっていません。しかも、唐にたどり着いてから師である恵果和尚の師事までほぼ一年かかっていますから、膨大な密教の奥義をたった数か月で会得したことになります。伝授後から帰国までに土木技術や薬学なども学んでいます。

予定を繰り上げて帰国したことから、しばらく都に入ることはできず、九州の太宰府などに滞在しました。都に入るのを許されたのは大同4年（809）です。まず平安京の西北にある高雄山寺に入り、さっそく密教道場を開いて弟子に密教を伝える活動を始めます。弟子の中には天台宗の開祖・**最澄**もいました。最澄はすでに比叡山に延暦寺（のもととなる寺院）を開いている、空海から見れば先輩格です。しかし、空海と一緒に唐へ渡り、密教を同時期に学び、帰国後は空海を高雄山寺に呼び寄せて、空海から真言密教の奥義を学ぼうとしました。最澄にとって格下の僧であっても師として扱ったのでした。

空海は、この後朝廷から篤い支持を受け、高野山に寺院を開き、平安京では東寺を下賜され、真言密教の基盤を作っていきます。

最新呪術システム「密教」

繰り返しお話ししているとおり、日本は古来からさまざまな呪術のテクニックがあり、古くは亀の甲羅や鹿の骨を焼いて吉凶を占うとか、前に述べた蠱毒、厭魅などがありました。

密教の場合は、護摩修行があります。四角い護摩壇を本尊の前にしつらえて炎を焚き、呪文を唱えながらさまざまな動作で祈祷します。こういった密教の法要を「修法」と言います。これも一つの呪術のテクニックと言えるでしょう。護摩によって、祈りを届け、目的を実現させるわけです。

この時代、大きな目的といえば「雨乞い」です。

言い伝えでは、空海が神泉苑で雨乞いの修法を行いました。この時、空海の前にライバルである西寺の守敏が雨乞いを実施。しかし、不成功に終わります。満を持して空海が登場。何日も天候は変わらず、人々がしびれを切らすころ、黒雲が湧き出て雨が降ったと言います。言い伝えではありますが、空海の呪術はずばぬけて効き目があったということを物語っています。

この時の世間のようすを想像すると、どうも現代の世情と似ているような気がします。唐という海外から最新のトレンドをもたらした空海。これをもてはやす都のセレブ貴族。効き目もあったようですから、みるみるうちに空海の真言密教は都に欠かせないカルチャーとして定着します。

後七日御修法

奈良の都では、正月行事として「**御斎会**」というものを開催していました。これは、1月8日から7日間、大極殿において、国家鎮護の経典である『金光明最勝王経』を転読したり、吉祥天を本尊に悔過を行ったりするものです。

『世界大百科事典』（平凡社）によると、本尊に毘盧遮那如来、観音菩薩、**虚空蔵菩薩**を置いたそうですが、奈良時代から虚空蔵菩薩がいたかどうかは疑問です。始まりは、天平神護2年（766）とも、神護景雲2年（768）とも言われますが、いずれにしても平安遷都より前、奈良の平城京の時代になります。この時代に、このお経と悔過ですから、前にお話したとおり、いかにも天平時代らしい、国家鎮護の儀式というイメージがぴったりですね。以降、毎年行われる恒例行事となりました。

　時が進んで平安時代、空海の登場で、もう一つの正月儀式が増えます。それが「**御七日御修法**《ごしちにちのみしほ》」です。御斎会と同じく、1月8日から行われる儀式で、真言密教の修法を行うものです。最初に行われたのは承和元年（834）。空海の提案によって大内裏で行われました。おそらく効き目があったのでしょう、翌年には真言密教の道場である真言院が大内裏に造られ、そこで行われました。真言院の内部には、東西に両界曼荼羅が掛けられ、五大明王が安置されていたそうです。

　両者のちがいはどこにあるのかと言うと、御斎会は、経典の転読という、奈良時代からの伝統的な儀式です。いっぽう、後七日御修法は、修法ですから、ひとくちに言うと呪術儀式です。空海がもたらした真言密教の秘密修法を行うのです。

　目的は、どちらも国家鎮護、玉体安穏[註15]といったことになります。奈良の東大寺の時代から、国家鎮護は仏教の大きな目的であることに変わりありませんが、その祈り方、祈りのテクニックが変わってきたわけです。御斎会は室町時代くらいで廃れるそうですが、後七日御修法は中断はあったものの現在まで続いています。

註15　天皇の健康と安全。

無名の僧から名僧へ――空海の躍進

空海は、若いころに大学寮（朝廷が設置した官僚養成機関）を辞めて、個人で仏道修行をします。そのような一介の若い僧が、なぜ遣唐使に抜擢され、帰国後にあんなに朝廷に重んじられたのか、そのへんは謎のままです。

いわばフリーランスの身の上であった若手の人間が、国を巻き込んで絶大な影響力をもたらすことになります。

それはもちろん、空海自身の常人を超えた才能と計り知れない努力があって、実績を積んだことによるのでしょう。

空海がなんとか都に戻った後、まず担当したのは、朝廷の争いの後片付けとも言える仕事です。

まず、嵯峨天皇の時代に起きた薬子の変（上皇と天皇の争い）の後始末として、国家鎮護の祈祷を行いました。

このほか、乙訓寺の別当職として仕事をします。この乙訓寺ですが、長岡京の京域に位置し、前にお話した早良親王が幽閉された寺です。恐ろしい怨霊となった早良親王の魂を鎮める役を、空海が負ったのではないでしょうか。後始末の仕事は誰でも嫌がるものですが、空海はそれをしっかり務め、信頼を勝ち得たのではないかと思います。このあと、高雄山寺で真言密教を広める仕事に入ります。

その後、高野山の土地を下賜され、真言密教の道場を建設しながら、土木工事にも尽力、ついには東大寺に真言密教の道場を建て、平安京の東寺を賜り、名実ともに一流の僧となりました。これで、真言密教が国の運営に欠かせない宗教になりました。

6 仏像の「カレーライス化」が始まる

「カレーライス化」する仏像

密教は、インドが由来で、中国で発展した新宗教です。ですから、仏像は密教流入以前の天平期と比べてよりインド風の造形スタイルが加味されています。そ

五大明王の降三世明王　東寺 蔵
提供：便利堂

の代表が五大明王です。顔や腕がたくさんあって、おどろおどろしい見た目です。また、なまめかしいインドの女神たちの姿を取り入れて、セクシーな仏像表現も見られます。十一面観音はこうした密教的な影響を受けて女性的に造られるようになりました。第1章で紹介した歓喜天や荼枳尼《だきに》天という白狐に乗った女神など、ちょっと恐ろしい妖怪的な神も登場します。

思想としては中国の陰陽五行説の影響を色濃く受けて、九星気学など星の進行に基づいた東洋占星術も取り入れられています。

ですから、当時の人にしてみれば、密教は海外から来た新しい技術と文化なのだという印象が強かったはずです。平安初期の貴族たちは、それまでの手垢のついた古臭い文化やライフスタイルよりも、最新のシステムである密教というものがキラキラしたものに見え、大きな期待を寄せたのではないでしょうか。

ともかく、仏像は、言わば「洋モノ」の文物です。そのはずなのですが、いつの時代も日本人は、海外文化をそっくりそのまま受け入れるのではなく、かならず日本風にアレンジします。たとえが変かもしれませんが、カレーライスやラーメンのように、仏像も日本人なりのアレンジがされます。スパイシーなインド風味の密教仏が、この時代から見られるようになります。ポイントは仏像の用材となる木です。

空海と稲荷神の「業務提携」

空海が東寺を賜ったあと、伽藍の建設に尽力します。そこで空海が頼ったのは日本の古い神社でした。それが**伏見稲荷**です。

伏見稲荷は全国の稲荷神社の総本社です。その発祥は諸説ありますが、この地域に住んでいた荷田《かだ》氏が、次いで渡来系氏族の秦氏が社家となっています。社殿の背後にある稲荷山には古墳が三基あり、秦氏以前からなにかの聖地だったと思われます。

空海と稲荷神とのエピソードは、東寺に伝わっている『稲荷大明神縁起』と南北朝時代に書かれた『稲荷大明神流記』という書物に書かれています。

『縁起』のほうでは、空海が稲を担いだ「荷田」という老人に会い、これがじつは稲荷山の神で、真言密教をサポートしたいと申し出て稲荷山を空海に譲り渡したという話があります。

伝承と史実の境界線があいまいなのですが、少なくとも五重塔の用材には、この稲荷山の木が使われたようです。この時代を記録した『日本後紀』という歴史書によると、このとき、時の淳和天皇が病に伏し、占いで稲荷山の神木を伐採したことによる祟りとされました。すかさず朝廷は伏見稲荷に従五位下の位を与えて、神社の社格を上げます。これがちょうど東寺造営中の天長4年(827)。

このおかげで伏見稲荷は都の巽(辰巳、東南方向)に当たる福神として重視され(怨霊信仰の時代ですから、祟りを逆手にとって関係を結ぶというわけです)、結果、都のランドマークとなる新興の東寺と、古い歴史がある聖地・伏見稲荷の関係が深まりました。

それまでは、伏見稲荷も一氏族の氏神程度の存在だったようですが、この件で一気に平安京の守護神としての社格を得て繁栄しました。実際に、空海側と稲荷側でどのような打ち合わせがあったのか、分かりません。現在分かっている範囲では、先ほど紹介した『縁起』と『流記』に、空海と稲荷神との信頼関係が描かれていて、稲荷側は山の用材を提供、空海側は稲荷を真言密教の守護神として祀ります。

うがった見方をしますと、すでに都で信頼を得たとはいえ、新興の宗教である真言密教が、都で盤石な格を得るには、古来の神社と手を結ぶことは悪い手ではなかったと思います。聖地・稲荷山の「神聖なる木を使ってできた寺院」となれば、周囲への説得力がちがいます。また、稲荷神社のほうも先ほど紹介したように、東寺との一件で社格を上げることに成功しました。いわば「Win-Win」の関係ができたわけです。空海（とその後の弟子たち）は、神社と手を結ぶことに力を入れ、伊勢神宮とも提携を結び、伊勢も真言密教化が進みます。こうした神社側の古い権威と最新の呪術が提携して、新しい神仏習合の時代が開かれることになります。

木への信仰が見える「一木造」

東寺の仏像は、その造像技法の面で、天平からそれ以降への橋渡しとなる重要な仏像です。今も講堂に残っている仏像群は、24体のうち15体が創建時のもので、国宝指定されています。

注目すべきは、そのどれもが**一木造《いちぼくづくり》**であるということです。一木造は、その後の仏像技法の主流になりますがその早い時期の例と言えます。一木造の像は割れることがあるので中をくり抜いて（内刳《うちぐ》りと言う）、手足など細かいパーツは後から付け足す場合が多いのですが、東寺の像は内刳りをしていません。後から付け足す部分も最小限にとどめています。有名な帝釈天の像などは、大きな象に乗った姿ですが、よくこれだけの太い木材があったと思います[註16]。

東寺の像は、表面に木屎漆が盛り付けられているので、それまでに流行した木心乾漆に近い技法とも言えますが、木彫で表現を完成させている点で、一木造の先例であることは間違いないでしょう。

ここから先、平安時代前期の像は、一木造が主流になります。頭の先からつま先までを一つの材で掘り出します。広げた腕などは後から足すこともありますが、できるだけ用材のかたちを生かして造った結果、肩がすぼまっているような形の像も見られます。

要は、現実の人間のような姿を写実的に追求することよりも、用材の木を生かすことのほうが重視されました。そこには**霊木《れいぼく》信仰**といわれる信仰形態がありま

註16　台座や頭部、右腕などは後補されている。

帝釈天　東寺 蔵
提供：便利堂

す。

霊木信仰の仏像

霊木信仰は、木そのものを神聖視する信仰のことで、たとえば立派な巨木とか、雷が落ちた木とか、そういったいわくのある木を信仰します。聖なる山に生えている木ならなおさらです。雷は、古代日本においては神が地上に降りてくる現象とみなされていて、それが落ちた木は神が降りる依代《よりしろ》[註17]です。つまり、霊木信仰は、自然そのものを神とあがめる日本古来の神道的な意味合いが込められています。

神が宿った木を使って仏像にしたら、その神威も相当なものでしょう。言い方は悪いですが、ご利益が倍増しそうで、お得な感じがしますね。平安前期の仏像は、こうして神道的な信仰による霊木に、海外の呪術テクニックである仏像を刻み、そのパワーを倍増させようとしました。

古代では、神が降りる木としてクスノキ（奇木《くすしき》というのが由来だそうです）が信仰されたので、仏像にもクスノキが用いられたようです。のちにカヤ、そし

註17　神霊がよりつく物のこと。神霊は眼に見えず実体が無いとされ、依代に神が憑くことで神が示現したとされる。神の示現を示す標識として信仰の対象になる。

てヒノキなどが使われるようになります。

鉈彫仏は「アニメーション」?

一木造以外の代表的な造像技法に「鉈彫《なたぼり》」があります。東日本によく見られます。

仏像の表面に、ノミの彫り跡がつけられています。これは、昔は制作途中だったのではという説もありましたが、現在では、あえて跡をつけたのだと解釈されています。横浜・**弘明寺《ぐみょうじ》**の十一面観音菩薩は、鉈彫仏の代表的なものですが、よく見ると、胸の部分のノミ跡に比べて、顔の部分は細いノミ跡になっています。全体にきれいに跡が彫られていて、意図的にやったことが想起されます。

その意味をどう解釈するかですが、仏の示現、つまり「神の宿った木が、今まさに仏に変身しようとしている」という様を表現したものと言われます。つまり、これも霊木信仰による仏像造りの例ですね。

すでに「神」である霊木が、仏に変身する。これは、本地垂迹の考え方と共通します。本地垂迹は、神の本体は仏であるとする考え方です。つまり、鉈彫仏

十一面観音菩薩　弘明寺 蔵

は、霊木の本体＝仏が今まさに現れ出す、というドラマチックな場面を彫刻で表現したもの、と言えますね。

ですから、いわば「変身途中の仏」というのが鉈彫仏のコンセプトです。現代であれば3Dアニメーションで表現すればよいのですが、昔はもちろんそんなものはありませんから、いかにも変身しているような、動的な表現を彫刻で工夫したというわけです。

表面のノミ跡で木の風合いを残す鉈彫仏だけでなく、彩色をしない素木仕上げや、木の洞《うろ》や節をあえて残したり、全体のフォルムがゆがんでいたりした仏像が各地にあります。これは仏像の用材自体がどこかの神社の御神木であったなど、何かの霊性を持った木を使ったことが想像できるのです。

たとえ文献などが残っていなくても、その造られ方から、関わった人たちの思いが見えてくる。仏像そのものが語りかけてくる。こういうところも、仏像の面白さの一つですね。

檀像は海外の薫り

檀像は、西日本（と言いますか都の周辺）に多く見られます。数十センチの高さしかない小ぶりな像ですが、菩薩の飾りなどが、非常に細かく緻密に彫られていて、当時の彫刻技術に圧倒されます。

中国では、かぐわしい芳香のある木を使って仏像を作るべきとされました。私たちでも知っているのは白檀などですね。あれはインド産であり、中国では栢木《はくぼく》という木材が代用として使われました。しかし、日本に栢木は無いので、代わりにカヤの木などが使われました。

一般的に、香木はあまり大きく成長しないうえに、非常に硬いので、大きな仏像は作れません。その代わりに繊維が緻密なので、微細な彫りができます。こうしてできた小ぶりな仏像を檀像と言います。

どの仏像が檀像なのかという判断基準はあいまいですが、数十センチの像高で緻密な彫りがあれば「檀像風」という表現がされます。

香木を使う習慣はインド中国からの思想ですので、日本古来の信仰というよ

檀像の例：十一面観音菩薩　東京国立博物館 蔵
Image：TNM Image Archives

り、海外の様式をそのままのかたちで再現する考え方でしょうか。先ほどのたとえで言うと、カレーライスよりもインドカレーを食べたい、といったような思いがあったように思えます。都のエリアに檀像が多いのも、海外文化を感じたいという貴族が多かったからではないでしょうか。

平安時代前期には、カヤなどで仏像がたくさん造られました。そのうち、豪快で力強い造型の一木造、小ぶりに緻密に造られたものは檀像風、表面にノミ跡があれば鉈彫、木の洞を残したままの**神像**（神社の祭神を表した像）なども造られます。その他いろいろな考え方に基づいて、木彫の仏像がたくさんできることになります。その背後には、木そのものへの信仰心が隠されています。

せっかちさんに応えた？　歩き出す十一面観音

この時代に顕著になった仏像スタイルは、動きのある表現です。

代表的な例は、十一面観音によく見られます。

天平期の話でご紹介した観音寺や聖林寺の像は、どちらも両足を揃えて直立しています（観音寺の方はやや右ひざをリラックスさせているようです）。

しかし、平安時代の像を見ると、あきらかに右足を踏み出しているポージングになっています。十一面観音で国宝指定されている像は7体ありますが、そのうちの5体が平安期です。その中から観光旅行でも拝観できる有名な仏像と言うと、法華寺の像がありますね。これを見ると、背後からまばゆいばかりの光明を受けて、一歩踏み出そうとしているような表現になっています。

また、滋賀県長浜市の**向源寺**の十一面観音も大変有名で人気ですが、こちらも右足を踏み出し、左足に重心が乗っている絶妙なポーズをとっています。横から見ると、身体が前傾姿勢になっていて、天衣がひらめき、今にもふわりと飛び立ちそうな、その一瞬を捉えたストップモーションのような姿勢であり、それを彫刻で完璧に表現した仏師の超絶技巧に驚きます。

観音菩薩は、もともと人々の声を聞いて助けに来てくれる菩薩ですから、向こうの方から来てくれることになっています。

人間の欲望というのは深いもので、観音が救いに来てくれるスピードが速くなってくるようです。というのは、時代が下るにしたがって、仏像や仏画に、スピード感のある表現ができてくることから分かります。平安時代も後期になると、阿弥陀如来が雲に乗ってひゅーっと飛んでくるような表現が登場します。観音菩

十一面観音菩薩　向源寺 蔵

薩も雲に乗り、亡者が乗るとされる蓮の花（蓮台）を持って飛んできて、「さあ、早く乗って！」と言わんばかりの様相です。

人間の世界は、何でもスピーディーなものが好まれ、せっかちな人間たちを満足させなければならない。仏像の世界も大変、というわけですね。

仏像ファッションの変遷──天平から平安前期の衣

話を戻します。平安時代前期の仏像造りは一木造が基本です。仏像の衣の表現にも時代性が表れますが、とくに観音像で見ると特徴が分かりやすいです。

下半身に纏う裙《くん》という布は、巻きスカートのようなものなのですが、その衣文の表現は時代によって特徴が出ます。この時代の衣文は両脚ともUの字が縦にならぶようなかたちで左右対象に描かれ、その上から腕から垂れる天衣がこれまた大きくU字を描いて重なります。

両脚の間には、渦を巻いたようなデザインも見られるようになります。これを**渦文**と言います。菩薩だけでなく、如来の衣にもあしらわれます。代表的な例は新薬師寺の薬師如来などです。

翻波式衣文と渦文　聖観音菩薩　清水寺（長野県）蔵

重厚な衣文線の例：虚空蔵菩薩　仏谷寺（島根県）蔵

菩薩の脛の部分には、独特の衣文線が造られます。丸く盛り上がった太い皺と、鋭角に造られた細い皺で交互に表現される衣文線で、これを**翻波式衣文**《ほんばしきえもん》と言います。

だいたい、渦文や翻波式衣文が見られると、平安前期の代表的な様式ということになります。

いずれも、彫法は深く彫り出されて、鋭くも流麗なうねりのある線が好まれたようです。中にはうねりが強く、まるで古代ギリシャやローマの彫刻を想起するような複雑な衣文も見られます。裙の裾は長く、かかとを覆って地面を引きずるような格好になることが多いです。スカートの丈はいつの時代も当時の流行が現れるもので、この後の平安後期になると短いものが登場します。白鳳時代の菩薩像も、夢違観音などを見ると短いですね。

第4章

末法到来。あきらめの境地から人間回復まで　平安後期〜鎌倉

1 世界の終わりがやってくる

改ざんされた「末法」

前の天平時代、すなわち平城京の時代からずっと、後継争いと怨霊の災いを恐れていた平安貴族ですが、平安時代も半ばになるとその心境が変わってくるようです。それが仏像にも表れてきます。

怨霊への恐怖はこの先ずっと、何かにつけてのしかかってはくるのですが、ある「別の問題」があって、平安貴族はちょっとあきらめの境地のようなものを感じてしまったのかもしれません。

その「別の問題」が何かと言いますと、「**末法思想**」というものがこれに当たります。

釈迦が入滅した後から始まったのが仏教です。仏教の世界では、時代によって仏教をとりまく状況が3段階に変わるとされます。その3段階は次の通りです。

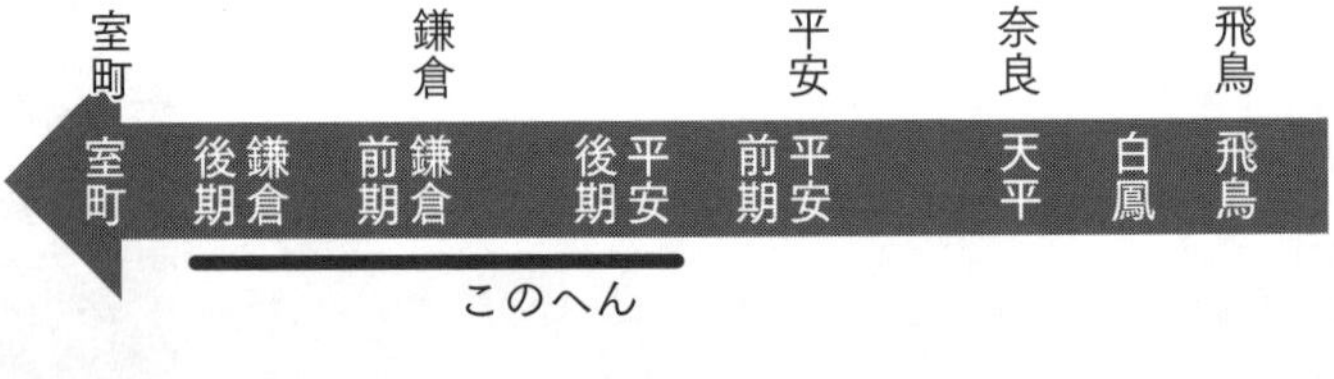

1.正法時代　――　釈迦入滅後500年間（または1000年間）
正しい教えがあり、教えを正しく実践し、
成果（悟り）が得られる時代
2.像法時代　――　正法時代後500年間（または1000年間）
正しい教えがあり、正しく実践できるが、
悟りは得られない
3.末法時代　――　像法時代後10000年間
正しい教えはあるものの、正しい実践はできず
悟りも得られない

というように区分されます。最初の1000年、もしくは2000年間はよいのですが、あとは10000年も末法時代が続くことになります。

ちなみに、正法と像法の長さがまちまちですが、これはその時代のお国の事情です。『日本書紀』によると、日本に仏教が公式に渡ったのは西暦の552年。これ、じつは中国の暦に当てはめると、ちょうど末法時代の始まりに当たりま

す。

それでは都合が悪かったのでしょうか、日本では正法時代の長さを1000年として、末法の先延ばしをしました。こんな改ざんと言ってもいいようなことがあったのですね。現代なら週刊誌が「改ざんの真相を激白」といった見出しで取り上げ、放っておかないでしょう。昔の時代だからまかり通ったエピソードです。

先延ばしにされた末法時代ですが、ついにその時代がやってきます。それが、永承7年（1052）。平安時代の中頃の時代です。

平安時代のノストラダムス？「末法思想」

1000年も続く末法時代。このことは平安貴族の間でもよく知られていたようで、当時の貴族は、否応なしに到来する末法の到来にかなり怯えていたようです。何しろ、何をやっても報われない時代です。世界の終わりのように捉えていたことでしょう。私たちの感覚ですと、ちょうど1999年の「ノストラダムスの大予言」や、2012年「マヤ暦の終焉」といった話題が当てはまるでしょう。いつの時代も終末論の不安に人々は踊らされます。

ちょうどこの時、奈良の長谷寺が焼失してしまいました。末法の最初の年である永承7年（1052）です。当時の貴族・藤原資房《すけふさ》の日記を見てみましょう。

「長谷寺すでに焼亡しおわんぬ。（略）末法の最年（最初の年）にこの事あり。恐るべし」（『春記』より）

まさに恐るべき時代に入ってしまった平安時代。人々の心が揺さぶられていきます。

薬師から阿弥陀へ流行が移る

末法思想を後押ししたベストセラーがあります。それが『往生要集』という書物で、源信という比叡山の僧が書きました。

この本で描かれているのは、極楽と地獄のようすです。

とくに地獄については事細かに、まるで見てきたかのように具体的な描写があります。地獄と言っても、8層に分かれていて、地下深くへ行くほど苛烈な罰が与えられ、最悪な世界となっています。

極楽は、阿弥陀如来が教主として存在し、妙なる音楽とともにありがたい説法を聞くことができる世界です。

極楽へ行くためには、「南無阿弥陀仏」という念仏を唱えて阿弥陀如来を信奉することだとする教えが書かれています。

この書物は、源信という僧が、たくさんの経典から地獄極楽に関する部分を抜粋して再編集したような本だそうです。寛和元年（９８５）に世に出て以来、平安貴族の心をわしづかみにしました。

比叡山延暦寺を拠点とする天台宗は、「仏教のデパート」とも言われまして、このあと出てくるたくさんの宗派のおおもとと言えます。密教も取り入れながら、こうした**浄土教**（阿弥陀如来を信仰する教え）も形作られていくのですね。これがのちに**法然**の浄土宗、**親鸞**の浄土真宗へと発展します。ちなみに、のちの禅宗も比叡山から巣立った僧が開いていくことになります。

さて、ここで、覚えてもらいたいキーワードは、「**厭離穢土**《おんりえど》」「**欣求浄土**《ごんぐじょうど》」という言葉です。穢土というのが地獄につながる穢れた世界のことです。最悪な世界である穢土を離れて、極楽浄土へ行こう、そういうキャンペーンを源信はこの本で打ち出しました。

末法思想の広がる都では、この世は穢土とみなしました。今は穢土にいる我々だが、せめて善行を積んで、浄土へ行き、来世は幸せに暮らそうと考えました。そのためにやることは、仏教を勉強し、中でもとくに阿弥陀如来を信仰することと書かれています。

こうして、信仰のテーマは現世利益から来世へと変わり、現世利益の代表格であった薬師如来から、「来世担当大臣」である阿弥陀如来へと、信仰対象が変わっていくことになります。

この世に造られた極楽

『往生要集』に説かれたもう一つのキャンペーンが「**観想念仏**《かんそうねんぶつ》」です。

これは、極楽浄土をあたかも現前に実在するかのように感じるという修行です。これにより、お金がある貴族たちは、自分の邸宅や敷地を改造して極楽浄土を再現し、観想念仏を実践しました。

その代表的な例が、宇治の**平等院鳳凰堂**です。**藤原頼通**（有名な**藤原道長**の子）が、父・道長の別荘を改築して寺院にしました。左右に張り出した翼廊が美

平等院鳳凰堂　©平等院

しく、前面の池にその姿がきれいに映ります。中央の堂には本尊・阿弥陀如来が鎮座。その内装を見ると、きらびやかな天蓋に極彩色の天井、柱や壁扉画、53体の雲中供養菩薩が華やかに舞い、豪華絢爛な浄土世界が造られています。

まさに極楽浄土をこの世で造ってしまった平等院鳳凰堂。このお寺が開かれたのが、永承7年（1052）。まさに末法時代の元年に当たる年だったのです（鳳凰堂の建立は翌天喜元年）。藤原頼通は、末法元年に間に合うように計画して造ったのでしょう。期限を厳守するべく突貫工事を指示する頼通の顔が浮かんでくるようです。

2 肩を落とす仏像　死後への望み

力が抜けた和風の仏像「定朝様」

この鳳凰堂の仏像の姿が、その後の仏像造りの手本となります。手がけたのは**定朝**《じょうちょう》という仏師。この仏師が、以降の仏師にとって大師匠となります。鳳凰堂の仏像を見ると、なで肩で、とてもリラックスしたような印象を受けます。目つきはいたって安らかで、表情は怒りも笑いもなく無表情。深い瞑想に入っている様子です。

この前の時代の仏像を思い出してください。恐ろしい怨霊に対抗するためか、まさに仏の霊力が凝り固まってできたかのような、非常に力強い体つきでした。そして、天平の仏像は目つきが冷たく厳しいものでした。

それに比べて、この定朝作の仏像は、こうしたある種の気の強さといったものがどこにも見受けられません。註18

註18　じつは、鳳凰堂の像も真横から見ると厳しい表情に見えるが、この像は池の対岸から正面を拝むための像なので、横顔の議論はまたの機会にする。

ここは極楽。禍々しい存在とはかけ離れた浄土です。その真ん中で、深い瞑想状態で座っている仏ですから、すべてを超越して安らかな境地にいるのでしょう。まさに観想念仏で表現される阿弥陀の姿と言えます。

この安らかな状態の表現が「仏の和様」と呼ばれて、以降の仏像造りの手本となります。

仏像造りを支えた寄木造

末法時代とともに、仏像の技法も大きく変わりました。

技法の点で言うと、**寄木造**《よせぎづくり》の技法が確立されます。大きな用材が無くても、小さい部材を組み合わせて大きな像を造り上げる技法です。古くは飛鳥時代でも細かい部材を組み合わせる技法はありましたが（中宮寺の弥勒菩薩像など）、その場だけの技法でした。定朝は、ほかの仕事でも応用できるスタンダードな寄木造の技法を確立したと言われます。

仏が着る衣の表現も軽やかになります。前時代の翻波式衣文や渦文といった、くどい表現（失礼）は見られません。あくまでも軽快に、薄く浅く、が基本で

平安時代後期の菩薩像の例：十一面観音菩薩
東京国立博物館 蔵　Image：TNM Image Archives
柔和で優美な曲線が特徴

す。この時代の流行では、浅い彫りで薄手の衣を表現し、衣文の線も複雑さが消えて軽快な線を描きます。こうした「はんなり薄味」な表現も、都の平安貴族の好みに合ったのではないでしょうか。

以降、定朝の作風をまねた「定朝様《じょうちょうよう》」と呼ばれる仏像がたくさん造られることになります。

九体阿弥陀

さて、『往生要集』による阿弥陀信仰の流行で、この時代に大変流行ったのが**九体阿弥陀**の造像です。写真をご覧ください。ずらりと並んだ9体の像。これぜんぶ阿弥陀如来なのです。

浄土教の教えでは、阿弥陀さんが極楽浄土から迎えに来てくれますが、その迎え方にまず上中下の3ランクがあるとされます。これをそれぞれ「**上品**《じょうぼん》」「**中品**《ちゅうぼん》」「**下品**《げぼん》」と言います。その3ランクがさらに3つのランクに分かれます。こちらは「**上生**《じょうしょう》」「**中生**《ちゅうじょう》」「**下生**《げしょう》」と言います。ですから、合計で9ランクになります。これを**九品**《くほん》と言います。

九体阿弥陀の例：浄瑠璃寺 蔵

なぜこれだけ細分化されるかと言うと、どんな階層の人でも救われることができる、という教えだからです。たとえば、仏教をしっかり学んで善行を積んで、お寺への寄進などもしっかりするような人は最上ランクの「上品上生」、平民でそれなりに頑張った人は中品あたり、さらには罪人であっても下品下生ランクにあたり極楽へ往生できるというわけです。

平安貴族は、民の往生を願ってか、この9ランクの救いをぜんぶ叶えようとして、9体の阿弥陀如来を祀りました。有名な藤原道長も都の**法成寺**に九体阿弥陀を祀り、そこで道長自身が往生を遂げたそうです。その像はのちに焼失してしま

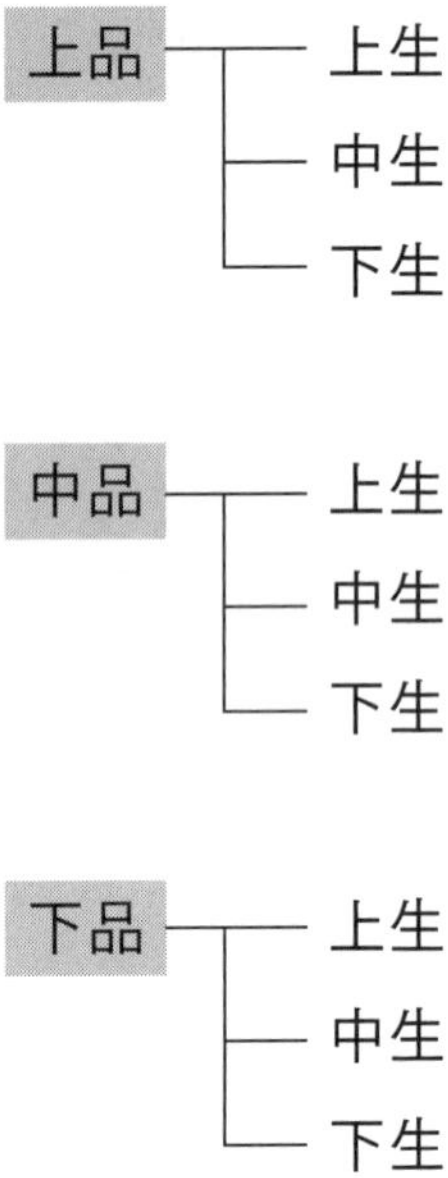

九品の解説

いました。

この時代の九体阿弥陀で現在まで揃って残っているものは、浄瑠璃寺の像だけです（江戸時代に造られた像は、東京の浄真寺や長野の蓮台寺にあります。蓮台寺は一体だけ平安期のものです）。

仏像大量生産時代

このように、一つのお堂を建てるにもたくさんの仏像を並べることがよしとされました。たくさん仏像を造ればつくるほど作善（善行を積むこと）になるというわけです。末法の世にかき乱される貴族たちは、こぞって仏像造りに励み、仏師のもとには大量の注文が舞い込むことになります。まさに時は仏像バブル。仏像大量生産の時代に入ります。

その最たる例が、京都・**蓮華王院（三十三間堂）**の**千体千手観音**ではないでしょうか。

ご存知のとおり、千手観音が堂内にぎっしりと千体並びます。当時の千手観音は腕の数を42本に省略して造るのですが、それでも大変なはずです。それを千体も造るのですから、都の仏師のみならず、奈良の仏師も駆り出されて大量発注に応えました。

こうした大量生産に応えられたのは、寄木造が浸透したからということが大きいでしょう。一体を造るのにいちいち大木を用意していたらとても間に合いません。定朝の工夫でこの仏像バブルは破綻なくつき進んでいきます。

弥勒と地蔵信仰

阿弥陀如来はいわば「来世担当大臣」と言いましたが、「来世担当秘書官」といった存在もいます。それが弥勒菩薩です。第1章でご紹介したとおり、弥勒菩薩は兜率天という仏の世界にいて、人々を救うことを考えています。そして、56億7000万年経ったのち、現世に如来として現れ人々を救うという、西洋のメシア信仰に似たような救世主として崇められました。平安時代になると、我々も死後は兜率天に行って（兜率上生）、弥勒と一緒に仏になろうという弥勒信仰が流行し、弥勒菩薩も造られます。

この時代、弥勒の姿は宝塔を持つ姿が一般的で、私たちが今想像するような、頬に指を当てる思惟の姿とは異なります。この時代には、思惟のポーズをとる仏像は如意輪観音とされました。平安時代の弥勒菩薩で代表的な例は、奈良の室生寺の立像や、**醍醐寺三宝院**の快慶作の像などが知られます。

地蔵信仰も盛んになりました。観想念仏できない層は、地獄へ行くしかないとあきらめます（いくら貴族がお金を出して、都に中品下品の阿弥陀を造っても平民は知らなかったか、知っていても救われる気にならなかったのでしょう）。しかし、地獄へ行っても救ってくれる存在が地蔵菩薩です。このことから、地蔵信仰も盛んになり、以降江戸時代までずっと地獄と地蔵の信仰は続きます。

どちらも、死後にお世話になる仏として信仰されたので、誰かの菩提を弔う意味での仏像として発願されることが多かったようです。

3　殺戮マシーンが人間に目覚めるまで

職業、殺人

さて、平安時代後期といえば、武士が台頭する時代です。しかし、最初は都の貴族からは穢れた存在としてかなり差別をされていたようです。

武士の仕事は殺人です。貴族同士の争いで、貴族本人は手を汚さず、おかかえの武士が刃を立てて殺しあう。日本において穢れの意識は深いものがありますが、血や死の穢れ以外にも、乱暴狼藉といった秩序を乱す行為も穢れの一種とされていました。

そんな武士は蔑む言葉で、「**屠類**《とるい》」と呼ばれていたそうです。屠殺の屠ですから、意味は伝わりますね。現代でいうとまさにターミネーターとでも言いますか、殺戮マシーンが武士だったわけです。鎌倉時代に書かれた『古事談』という、歴史の暴露本のような書物があるのですが、そこには「人の首を斬り、足手を折らざる日は少なくぞ有りける」といった文面が見られます。

また、武士のことを〝さむらい〟と言いますが、語源は〝侍《さぶら》ふ〟です。その意味は「身分の高い人や敬うべき人のそばに控える。お仕えする」（『大辞泉』）ですから、武士の身分は低いものでした。

たしかに、生まれながらにして、殺生をするのが仕事となった武士は、罪の意識に苛まれたことでしょう。これが**罪業意識**と言われるもので、信仰に影響を及ぼします。先ほどの九品往生もありましたが、殺人を犯した人間でも、下品下生の往生で阿弥陀如来のもとへ行こう。もしくは地獄に行って地蔵に救ってもらおう。そんな思いが武士を駆り立て、武士は武士で浄土教の信仰に取りつかれることになります。

そういうわけで、平安時代後期の信仰を考える時、キーワードは「末法思想」と「罪業意識」です。貴族は貴族で、末法の世を憂い、武士は武士で、罪業意識に押しつぶされそうになりながら信仰の世界に入ります。自分一人の力ではどうにもできない世の中です。だから、どちらも阿弥陀如来にすがることこそ最善とされました。

平安時代後期に、阿弥陀如来がたくさん造られた理由を、長々とお話してきましたが、こうした人の思いが背景にあることを覚えておいてください。

しかし、長い平安時代のなかで、人々の意識も少しずつ変わっていき、歴史の主役は武士へと移っていきます。そこには、仏師の巨匠・**運慶**の姿もあります。

武士がめざめて運慶動く

ご存知のとおり、平安時代の末期に平家が天下をとり、源氏との戦いを経て、武士が政権を担うことになります。

この間の仏像の歴史も非常に面白いので、進めましょう。みなさんが大好きな、運慶、快慶が登場します。

とくに運慶が作った仏像は、精気がみなぎり、力強く、一つ前に流行した平安後期の「はんなり薄味」な様子などは見られません。どの像も、盛り上がる筋肉と精気あふれる顔立ちは、一度見たら忘れられない驚愕の完成度で、現代の人をも魅了します。

新しいリーダーとなった武士たちの好みにたまたまマッチしたのか、それとも武士の好みに合わせてデザインしたのか、ともかく仏像の歴史がまた一つ動きました。

これまでもお話ししているように、政治情勢が変わると仏像も変わるわけですが、この現象が起きた背景は何だったのでしょうか。

運慶自身のエピソードの前に、運慶が世に出る前段階の世の中をおさらいしておきましょう。

公家、武家、寺院の抗争激化

やすらかな仏像で心の平安を得ていたはずの平安時代後期、ところが実際はなかなかきな臭いものだったようです。このころは、天皇を退いた上皇と、新天皇、そして摂政や関白として権力をふるう摂関家、こうした間でのパワーバランスが崩れ、内乱が続きました。

保元元年（１１５６）の**保元の乱**では**後白河天皇**が勝利し、**崇徳上皇**は配流（そして配流先で憤死し大きな怨霊として恐れられます）。その後、譲位して上皇の立場から院政を進めた後白河でしたが、**平治の乱**で体制が一旦崩れると、平清盛が武家で初めて参議に任命され、武家が軍事警察の役目を負うだけでなく、政治の中心に躍り出ます。後白河上皇はすぐに体制を立て直し、清盛と手を結んで院政を進めます。

後白河は神仏の信仰に篤く、院政の拠点は法住寺という寺にあり、そこにあの蓮華王院も建立されました。政治活動で忙しいのに熊野詣でに合計36回も行ったそうです。応保2年（1162）の熊野詣での時、千手観音経を読んでいると神鏡が輝いたことにおどろき、「万《よろず》の仏の願よりも千手の誓いぞ頼もしき」（『梁塵秘抄口伝集』）と、千手観音の信仰にのめりこみました。その約2年後の長寛2年末（1164）には、蓮華王院が建立されました。

平安時代の終わりごろは、後白河体制が、法住寺を拠点に、北は延暦寺、南は興福寺という大寺院勢力と対立しながら政治を進めました。大寺院は政治への影響力が強く、僧兵を使って強訴（武力で要求を訴える）もしていました。

平安時代の終わりごろは、後白河上皇（のちに法皇）をはじめとする公家、平清盛など新勢力である武家、そして天平からの国家鎮護寺院という、三つ巴の勢力争いが止まらない図式になっていき、血と炎が渦巻く内乱が続くのでした。

武士のめざめ

先ほど、武士はもともと差別され、罪業意識に苛まれる存在だったと言いました。しかし、平氏の活躍のように武士が力をつけると、その思想にも変化が出てきます。『保元物語』では、弓の名手、源為朝《ためとも》の活躍を語る部分で「分の敵を討ちて非分の敵を討たず」とあります。

物語ではそのあと念仏で懺悔するよう書かれていて、まだ罪業意識も色濃く残ってはいますが、「分」つまりそれなりの大義名分がある殺人だと言うところがミソです。武士は単なる殺戮マシーンなどではなく、理由があって、仕事として必要やむない時にのみ殺人をするのだ。殺人をする道理があるから、問題ないのだ。と考えるようになります。これを「**道理思想**」と言います。

それまでは罪業意識というコンプレックスがあった武士ですが、道理思想の流行によって、武士も正しく生きれば仏の功徳が得られる人間であるとされました。武士も一生懸命神仏を信仰し、仏教を勉強して貴族に対抗します。のちの源頼朝も非常に神仏への信仰に篤く、深い知識をもっていたと言われます。

焼け落ちる天平仏

こうした歴史の渦の中で、大変な事件がありました。それが**南都焼討**です。治承4年末（1181）のことです。

首謀者は平重衡という武士。新勢力となった平清盛をはじめとする平氏は、天平から国家鎮護を担ってきた奈良の寺院勢力の反発を招き、源氏を巻き込んで内乱になります。そんな中、平重衡は、奈良の僧兵への威嚇だったのか攻撃だったのか、奈良の町に火をつけました。それが運の悪いことに（もしくは意図的だったのかもしれませんが）、興福寺や東大寺まで広範囲に火が広がってしまいました。結果的に、興福寺のほとんどの堂と、東大寺でも大仏殿と大仏をはじめ、たくさんの堂宇が焼け、少し離れた法華堂や二月堂、転害門、正倉院がかろうじて残るくらいでした。

こうして、当時から数えて400年以上前の、多くの天平仏を焼失してしまいました。そして、皮肉にも、この事件のおかげで運慶と快慶をはじめとする次世代の仏師が大活躍し、仏像の歴史が大きく変わっていくことになります。

キーワードは、「古典の復興」と「人間観」ではないかと思います。歴史、仏像どちらもこれが当てはまります。少しずつ見ていきましょう。

4 運慶と慶派がたどり着いた「ルネサンス」

時代遅れの都でくすぶる慶派

運慶は、平安末期、1150年代ごろの生まれと推定されます。奈良を拠点とする「**南都仏師**」の家系に生まれました。父である康慶に付いて仏像造りを学びました。このころから名前に慶の字がつけられることが多く、康慶一派を「**慶派**」と呼びます。しかし、そのころの奈良は過去の都ですから、仕事はあまり華々しいものとは言えなかったようです。

そのころ、京の都、平安京では定朝様をはじめとする柔和で安らかな雰囲気の仏像が好まれ、これを担当したのが**院派**、**円派**という京仏師の二大勢力です。

院派は、定朝の子から始まる派閥で、現在確実に院派の作とされる仏像は少ないです。**法金剛院**の阿弥陀如来は院覚作とされますが、とても上品な顔立ちで静謐さを感じます。

円派は定朝の弟子・長勢からの一派です。どちらも平安京でたくさんの仕事をしましたが、名前を書く習慣がなく、焼失も多くて、現存する仏像は限られます。

定朝様式に始まる優美な仏像には、東京の**大倉集古館**所蔵の普賢菩薩像など、国宝になる名品もありますが、仏像大量生産の時代、衣文のデザインなどが次第に単純化していく流れもありました。建立当初の三十三間堂は、院派、円派、そして奈良の慶派が総出で千体の観音を造り、腕を競ったそうです。しかし慶派は院派と円派と貴族の結びつきに切り込んでいけなかったようです。現代風にいうと、既存の市場に新規参入することができなかったというわけです。

運慶の「プロ宣言」

現存しているもので運慶がもっとも若い時に作った仏像は、奈良・**円成寺**の大

円成寺像をモデルにした
フィギュア
提供：イスム

日如来です。像内の墨書銘から運慶20代の作とされます。

この墨書には、自分の名前や日付などのほか、謝礼つまりギャラまでが克明に書いてあり大変興味深いです。アマチュアとプロのちがいは、やった仕事に対してギャラをもらうかどうかという点にあります。私の想像ですが、奈良でくすぶっていた若い運慶が、ちゃんとギャラをもらって仕事をした、その「どうだ！　オレだってこれだけのギャラをもらって仕事をしたんだぞ」と、プロ宣言しているかのような気概を、この墨書に感じてしまいます。

その後、運慶は東国に赴き、伊豆の北条時政のもとで仕事をします。この武将は、のちに鎌倉幕府を開く源頼朝の義理の父（北条政子の実父）であり、奥州平泉を攻めるに当たって戦勝祈願のため寺院建立を発願します。これが**願成就院**です。ここで運慶は仏像を制作。文治2年（1186）に完成しました。

運慶の作例：毘沙門天　願成就院 蔵

さらに、伊豆から相模湾を横切って三浦半島・横須賀の**浄楽寺**（北条時政とライバル関係にあった和田義盛の寺）でも造像しました。願成就院に残る不動明王（46頁）と毘沙門天は、その代表格ではないでしょうか。目をかっと開き、覇気に満ちて、筋肉の盛り上がりも写実的。今にも怒声が聞こえてきそうな迫真の表現に圧倒されます。

浄楽寺に残る5体の運慶仏は、願成就院の制作の直後、文治5年（1189）に造られました。毘沙門天は腕を振り上げポーズをとりながら、目線は遠くを見張っていて、歌舞伎役者の見栄のようです。不動明王は腕をだらりと下げ、炎を背にして敵を静かに威嚇するようです。

現在はどちらも国宝指定され、博物館や美術雑誌などでたびたび話題になっています。

いま、ふたたびの奈良

いっぽうそのころ奈良では、焼け落ちた大仏の再建がさっそく動いていました。後白河法皇の号令で、急ピッチで進み、文治元年（1185）に開眼供養が行われました。焼け落ちたのが1181年ですから、わずか4年で大仏が完成したことになります。後白河法皇は、国を治めるためにどうしても大仏が必要だったのでしょう。国家鎮護のために仏像を活用するという考え方は、天平のころとまったく変わっていません。

このあと、東大寺と興福寺の復興事業が進むことになります。**重源**《ちょうげん》という高僧が復興の勧進役となって、たくさんの仏師をまとめて造像に当たらせました。その仏師集団のリーダーが運慶と快慶です。

大仏殿に安置する巨大な四天王は、運慶と快慶をはじめとする慶派仏師が担当。のちに焼失し現存はしていません。しかし、この像のためのひな型として造られたと思われる小像が**海住山寺**に残っていて、当時の姿が偲ばれます。その姿は、平安後期の力の抜けた感じとは異なる、力がみなぎった威圧感があって、まるで劇画の世界か、マンガ『北斗の拳』にでも登場するような勇壮な姿です。これが高さ10メートルもあったのですから、圧倒的な存在感だったでしょう。

これに先駆けて、運慶は興福寺西金堂の仏像も手掛けます。現存するのは本尊・釈迦如来の頭部ですが、運慶のほかの如来像に見られるような恰幅のよさは無くて、引き締まった顔立ちになっています。そして特徴的な厳しい目つき。これは、もともとあった天平期の本尊の顔を踏襲したのではないかと言われます。

東大寺でも興福寺でも、平安後期の京都（平安京）で流行した定朝様式は見られません。奈良（平城京）で育った運慶は、天平の仏像をずっと見てきたわけです。その当時にしてみれば、流行遅れの古いスタイルではありますが、奈良に安置する仏像はやはり天平の、古代の呪力に満ちた像でないといけない、運慶はそう考えていたかもしれません。

そこへ、新勢力の武士の台頭です。公家に対抗する武士ですから、公家好みの定朝様より、力強いものが好まれたのも納得がいきます。関東の運慶仏は、どれも武士好みの力強い作風です。運慶が時代を捉えたのか、時代が運慶を求めたのか。ともかく、京都の平安文化から遠ざかっていた奈良の慶派の仏像がこの先の造仏潮流を作っていきます。

後白河法皇と快慶の「鎮魂」

さて、運慶と並んで大活躍した仏師が快慶です。その出自は不明ですが、運慶とは慶派仏師の同期として、各地に名仏像を残しています。

彼は、東大寺復興勧進役だった重源と関係が深く、その影響で阿弥陀如来に深く帰依しました。そのため、重源から「安阿弥陀仏」の号を与えられ、仏像にもこの号を記している場合が多いです（安の字は、実際はアンをあらわす梵字です）。

作風はとても繊細で、静謐な顔立ちと、「絵画的」とよく評される、あまり作り込み過ぎない絶妙な衣文のデザインなどが見られます。中でも、像高90センチほどの阿弥陀如来立像、通称「三尺阿弥陀」は、のちにお手本となって「**安阿弥様**」という一つのスタイルを確立しました。

おなじ慶派ながら、運慶の力強さとは異なる静かな表現は、慶派ファンにはよく知られたことですが、なぜこうもちがうのでしょうか。

快慶は、早いうちから後白河法皇など皇族ゆかりの寺院での造仏を受け持ちました。先ほどの三尺阿弥陀もそうです。これは、南都焼討などによる戦乱が落ち着いたのちの仕事です。保元の乱で敗戦した崇徳上皇は、この頃になると災いをもたらす怨霊として恐れられるようになっていました。

前章でお話した怨霊信仰は、奈良の平城京から平安京へと時代が移る時の話でした。そして、この時代は平安時代から鎌倉時代へと時代が動く時になります。

時代が動く時は、人がたくさん死に、不穏な事件や災害が続くものです。恐怖と不安の時代を乗り越える時、仏像も必要になってくるわけですね。

つまり、快慶の仏像は、鎮魂の仏像と言えるでしょう。だから、あんなに静かな雰囲気をたたえているのです。快慶自身の趣味もあったかもしれませんが、それだけでなく、仕事を依頼したクライアント（発願者）の意向も充分にあったわけです。

運慶は武士を相手に、神仏の加護で新しい政治を動かす目的。専門用語で言えば敬神観念。

快慶は公家を相手に、無念の死を遂げた人たちや怨霊を鎮める目的。つまり鎮魂観念。

二人の仏師が、敬神と鎮魂という、日本人の信仰の両側面を仏像でささえていた、ということになりますね。

慶派の「仏像ルネサンス」

平安末期から鎌倉時代の始まりは、仏像の観点から見れば、天平から平安に移る時と似ています。政争が激化して、多くの血が流れ、恨みが積もった。政治を進めるための仏像と、魂を鎮めるための仏像が造られた。時代が４００年隔たっていますが、人の信仰心というものはそれほど変わっていないようです。

運慶は奈良で天平仏を学び、その後、東寺の平安初期の密教仏も、修理に携わった結果多くを学んだようです。運慶の時代に主流だった定朝様式からさかのぼり、力強い古典の美を復興させました。

いっぽう、天平の仏像にある、人智を超えた畏怖の表現から、より人間に近い表現を実現させたのも運慶です。同僚の快慶や**定慶**《じょうけい》も、写実的で人間らしい表現が見られます。その後の世代になると、**康弁**の**天燈鬼**、**龍燈鬼**のような愛らしく、しかし驚くほど写実性に富んだ表現に到達します。

そもそも、仏は人間とはちがうはずなのですが、わざわざ人間らしく造った。よくよく考えてみれば、どうして人間のように造るのか、私はそんな素朴な疑問を持っていました。

しかし、武士の道理思想などを学んでみると、この時代の宗教観が変わってきたことが理由の一つにありそうです。

それまでは、「世は末法ぢゃ」と言っては仏にすがるしかなかった。もしくは人智のおよばない秘密の呪術で明王を使役し、パワーを発揮してもらっていた。

鎌倉期に入ると、禅の流行もあって（後でご紹介します）、仏に何かやってもらうだけでなく、自分たちでがんばろうという考えが広まってきました。そこへ道理思想もあって、神仏にひれ伏すだけの人間が、自己に目覚めた時代と言えるでしょう。

古典の復興と人間観の変化。これが美術に取り込まれると「ルネサンス」という美術運動になります。

ルネサンスは、西洋美術の用語ですが、これを宗教観の移ろいととらえると、そのコンセプトは洋の東西を問いません。日本では運慶をはじめ慶派の仏師がこれを成し遂げたので、私は「仏像ルネサンス」と呼んでいます。

仏像ルネサンスは、イタリア・ルネサンスよりもおよそ２００年ほど早いです。この時代、日本の美術は世界レベルで見てもかなり先進性があったと言ってもいいのではないでしょうか。註19

註19　ちなみに、ウサギやカエルを擬人化して描いた『鳥獣人物戯画』も、ちょうど平安末期から鎌倉期とされ、運慶の時代と重なります。

逆襲の真言宗①　原点回帰で立て直せ

浄土教と禅の流行で、この時代、真言密教はどちらかと言うと過去の時代の宗教になっていました。

そこに現れたのが**叡尊**《えいそん》という高僧で、真言宗を立て直し、真言律宗を開きました。叡尊のコンセプトは、原点回帰です。僧が守るべき戒律を重視し、仏教の原点である釈迦への追求をめざしました。そこで注目されたのが、京都・**清凉寺**にある釈迦如来立像です。これは、唐からもたらされた輸入の仏像ですが、体内に内臓を模した布の小物を詰めて、「生身《しょうじん》の釈迦如来」と呼ばれます。身体にぴったり纏う服装や、髪を巻き上げたような頭髪のスタイルも特徴です。

真言律宗ではこの釈迦こそ理想形として、さかんに模刻像を造りました。総本山である奈良・**西大寺**を中心として、奈良に真言律宗が広まり、叡尊の弟子である**忍性**《にんしょう》が関東に赴き、清凉寺の模刻像が祀られました。忍性が最初に赴いた茨城・**福泉寺**や、鎌倉の**極楽寺**、また東京・目黒の**大円寺**にも清凉寺式釈迦如来が残っています。東京の大円寺像は、もともと鎌倉の杉本寺にあったものが、出開

釈迦如来立像　大円寺 蔵

帳を経て大円寺に移されたものです。

逆襲の真言宗②「同体説」で顧客を奪え

「釈迦に帰る」という原点回帰運動とともに、仏教界、仏像界の再編があるのもこの時期です。

時代を追って、仏像の流行をおさらいすると、天平時代には現世利益の薬師如来が全盛、平安前期には大日如来の密教世界、後期からは阿弥陀如来による極楽浄土信仰と、非常におおまかですがこんな順番で、流行が移り変わっていきました。

このなかで、大日如来の密教世界は、曼荼羅などに見られるように、たくさんの仏像が並んで、複雑難解な印象を与えます。それが神秘性を増す効果もあったのでしょうが、一般人にはやはり分かりづらい。

そこへいくと、阿弥陀如来の信仰は、ただもう阿弥陀如来だけ信仰していれば救われるというシンプルなものでした。流行がそちらに移るのもうなずけます。

そこで、密教側が巻き返しを図ります。それが「**大日即弥陀思想**」つまり、大日如来は阿弥陀如来と同体だという新解釈です。

　平安時代の後半、高野山のトップにいた**覚鑁**《かくばん》という僧は、真言密教の立て直しを図りました（それがもとで高野山を追われ、のちに新義真言宗を開くことになります）。その覚鑁が唱えたのが「大日即弥陀思想」でした。ここでは、できるだけ簡単な説明にとどめますが、大日如来はそもそも**法身**《ほっしん》といって、仏法真理、宇宙そのものを象徴する存在であるとされます。ですから、どんなものにも大日如来は宿っている。その思想からいろいろ展開して、阿弥陀如来を心に念じるとき、それは大日如来を念じているのと同じである、というような考え方[註20]が提唱されました。

　ややこしい話はほどほどにして、要するに、念仏による阿弥陀信仰を、古式の密教の側から再解釈した、自分の庭の話にすりかえたと言ってもいいでしょう。ひとくちに仏教と言っても、宗派によって世界観がちがいます。阿弥陀如来人気に対抗して、人気再燃を狙った一大プロモーション活動と言ってもいいでしょうか。

　こうしたこともあってか、密教のお寺では、大日如来のように宝冠を被った阿弥陀如来が登場します。真言宗系のお寺では、「**紅頗梨色**《ぐはりじき》**阿弥陀如来**」といい、

註20　阿弥陀如来は極楽浄土の主であるが、大日如来にも「密厳浄土」という浄土があり、極楽浄土は密厳浄土の庭にある、とも言われている。（『五輪九字明秘密釈』）

宝冠釈迦如来　円覚寺 蔵

赤い身体をしています。天台宗系では、常行三昧という修行を行う際の本尊として、「**常行阿弥陀如来**」が祀られます。

ほかにも、禅の一派である臨済宗では、釈迦如来を毘盧遮那如来（大日如来）と同体と見立てて、まるで大日如来のように宝冠をかぶり胸飾をつけた「**宝冠釈迦如来**」を祀ることもあります。鎌倉の円覚寺がその代表例です。また、じつは天平あたりの古い時代にはすでに薬師如来と吉祥天の同体説も出ていまして、京都・広隆寺の「**勅封薬師如来**」は、女性天部のような姿をしています。これは神社の祭神を像に造る神像の表現がもとになっているようで、神社側の解釈も加わってきます。これは別の機会に整理することにしましょう。

このように、「○○は●●と同体」という考え方は古くからあります。新説に新説が上塗りされていく様相ですが、仏教界の外にいる私たち一般人からすると、宗派間の優位性を争う競争のようにも感じてしまいます。このような新解釈の応酬で、仏像の世界がどんどん混沌としていき、次の時代へと突入します。

5 時代は回る「わびさび」から呪いの復活

時代の流行はわびさびへ

運慶快慶で話が終わればキレイなのですが、そうもいきません。仏像の歴史はまだまだ動きがあります。

鎌倉時代も後半になりますと、歴史の揺り戻しと言うのでしょうか、仏像の表現も変わってくるのです。

鎌倉時代後期の代表作としては、鎌倉にある**東慶寺**に観音菩薩像がいくつか残っています。

どの像も顔立ちは、すこし面長な輪郭で、切れ長の涼やかな目元が印象的。衣

聖観世音菩薩像　東慶寺 蔵
撮影：帆足てるたか

は厚手のものをたっぷりと纏って、深いドレープが優雅な印象を与えます。

顔立ちは慶派の写実表現を手本にはしているのですが、力強さや血気盛んな感じはまったくありません。いわばクールビューティ。そして、像高1メートルに満たないような、小ぶりなサイズの像が増えるのもこの時代の特徴です。これは、当時の中国・宋との貿易が影響しています。

日宋貿易で入ってきたのは、水墨画などの枯れた味わいの文化でした。宋の文化を模したスタイルを「**宋風**」と言います。仏像の場合は、先ほど紹介したような顔立ちと衣、さらに髪の毛はとても高く髻を結い上げているのも特徴です。

宋風の像では、とくに服装にご注目ください。如来も菩薩も、袖が非常に長く、だらりと垂れていますね。天平のころの仏像を思い出してみると、右上半身は、肩にちょこっと布が乗っかる程度で、肌を出していました。それが、宋風の仏像では長い衣をしっかり纏って、もったりとした衣文を表しています。そのへんも、中国の仏画などの影響と言われています。

全体的に派手な感じは抑え目で、色も極彩色や金ピカのものは少ないです（彩色が剥げている場合もあります）。こうして、いわゆる枯れた味わい、現代まで通じる「わびさび」という美意識がかたち作られます（厳密には「侘び」と「寂び」は異なるのですが、それはまたの機会に追究しましょう)。

禅の流行で消える仏像

鎌倉時代は、躍動する鎌倉武士の世の中ですが、源氏が三代であっという間に滅びると、北条氏が実権を握り、将軍職はお飾りのようになります。将軍とはいえ、京都の公家と変わらない印象です。

また、仏教の潮流を見ると、それまで末法思想による浄土信仰、つまり阿弥陀如来一辺倒の信仰だったのですが、ここにきて禅が流行るようになります。

禅も、もとは天台宗、つまり比叡山延暦寺の学問から派生したものです。**栄西**が臨済宗、**道元**が曹洞宗を開きました。どちらもおおまかに言うと、仏にすがるのではなく、自分自身の修行によって悟りへ向かおうというものでした。私たちが想起するような、坐禅ですとか写経といった自分で行う修行、それから、美術で言うと枯山水庭園とか襖絵などが当てはまります。ああいった世界を頭の中で描いてみると、仏像が登場しませんんね（登場はしても、あまり大きく取沙汰されない)。

そういうわけで、ことさら大きな仏像とか、贅をきわめた仏像が不要になったという時代です。ですので、仏像は小ぶりになり、威圧感は減って、まるで少女のような可憐な姿になっていきました。

時代の揺り戻し「呪いの復権」

ところが、207頁の写真を見てください。千葉県・**勝覚寺**の像です。鎌倉時代後期の像なのですが、四天王の像は、怒気を発するいかつい顔立ち、全身に力が漲る恐ろしい姿をしています。まるで奈良にある古い仏像のような畏怖の念を感じます。

前項で紹介したことと正反対の印象ですが、この時、なにがあったのでしょうか？

答えは「**元寇**」です。

文永11年（1274）の文永の役、それから弘安4年（1281）の弘安の役と、二度にわたってモンゴルから侵攻され、対馬などは大打撃を受けました。いわゆる「神風」もあって、辛うじて食い止めることができましたが、危うく日本

四天王像　勝覚寺 蔵

が支配下に置かれるという大危機に見舞われました。時の執権・**北条時宗**は大変なストレスだったのではないでしょうか。

思い出してください。この事態と似たことが過去にもありました。

飛鳥時代の白村江の戦いです。あの敗戦で、日本が攻められるという危機感が最高潮に達し、各地に防塁が築かれ、呪力装置としての仏像も置かれて守りを固めました。

写真の仏像がある勝覚寺は、千葉県九十九里浜にありますが、太平洋側も元寇に対する危機感があったそうです。そのため、呪力あふれる仏像が必要だった。中でも国家鎮護の仏像の筆頭と言えば四天王です。『金光明最勝王経』に説かれた国家鎮護の呪力です。鎌倉時代の宋風文化花開く中、「呪いの装置」がふたたび発動しました。註21

時代はまわるとはよく言ったもので、仏像の歴史も、国の情勢にリンクして、呪いが継承されていくのです。

註21　福岡県の筥崎宮の楼門には「敵國調伏」の扁額がある。文永の役後に亀山上皇が奉納したもの。

終章

「教科書通り」は要らない。
仏像観の多様化

戦国の世の中で生まれる怪異神

平安期から鎌倉期まで、公家、武家、高僧による真っ当な仏教、いわば「教科書通りの仏教」をベースにした仏像を見てきました。

禅の流行もあって、おもに鎌倉時代のあたりですが、この時代の宗教観として、自分自身を見つめて修行に打ち込み、自分を磨くいっぽう、神を恐れ仏にすがりつく弱弱しい人間像は見られなくなったようにも見えます。

しかし、それはいわば宗教観が多様化したということにすぎないのです。空や無を求めて修行に打ち込む、意識の高い層は一側面であり、いっぽうでは、古代と変わらない神への畏怖、呪術信仰、人智を超えた闇のパワーにすがる人間も多くいたのです。そのような人たちにとって、薬師如来、観音菩薩などの「教科書通り」の仏像ではもう飽き足らず、かといって八幡神などの神像でも満足できません。

神仏習合が行き着いた先に創り出されたのは、神とも仏ともつかない、あるいは神も仏も一体になった、異形の合体神だったのです。

人々の願いや煩悩の深さは、底なし沼のようです。汲めども尽きない欲望を叶えるには、それだけの呪力を持つ仏像が求められます。そこには神も仏も分け隔てない、どろどろした溶岩のような神仏習合の熱気が渦巻いています。かつて、役行者が激しい修行で雷鳴とともに極忿怒の蔵王権現を感じとったように、教科書にはない新たな神仏を求める人たちも多かったのです。

合体神の信仰　宇賀弁財天

奇怪な神仏合体神が登場するのも、鎌倉後期から室町にかけての時代です。このころは仏教が武家に、そして民衆にも浸透しはじめる時代。そうすると、地域共同体の独自の解釈で、さまざまな姿の神仏が考え出されていきました。第1章で「感得仏」を紹介しましたように、信仰者が感得した独自の神仏にはルールがありません。この時代にどんどん生まれていきます。

琵琶湖の竹生島は、古くから観音の聖地として信仰を集めていましたが、このころから突如として、宇賀弁財天が信仰されるようになります。第1章で紹介した、頭に蛇体神が乗った弁財天です（60頁写真）。発祥の経緯は不明ですが、神

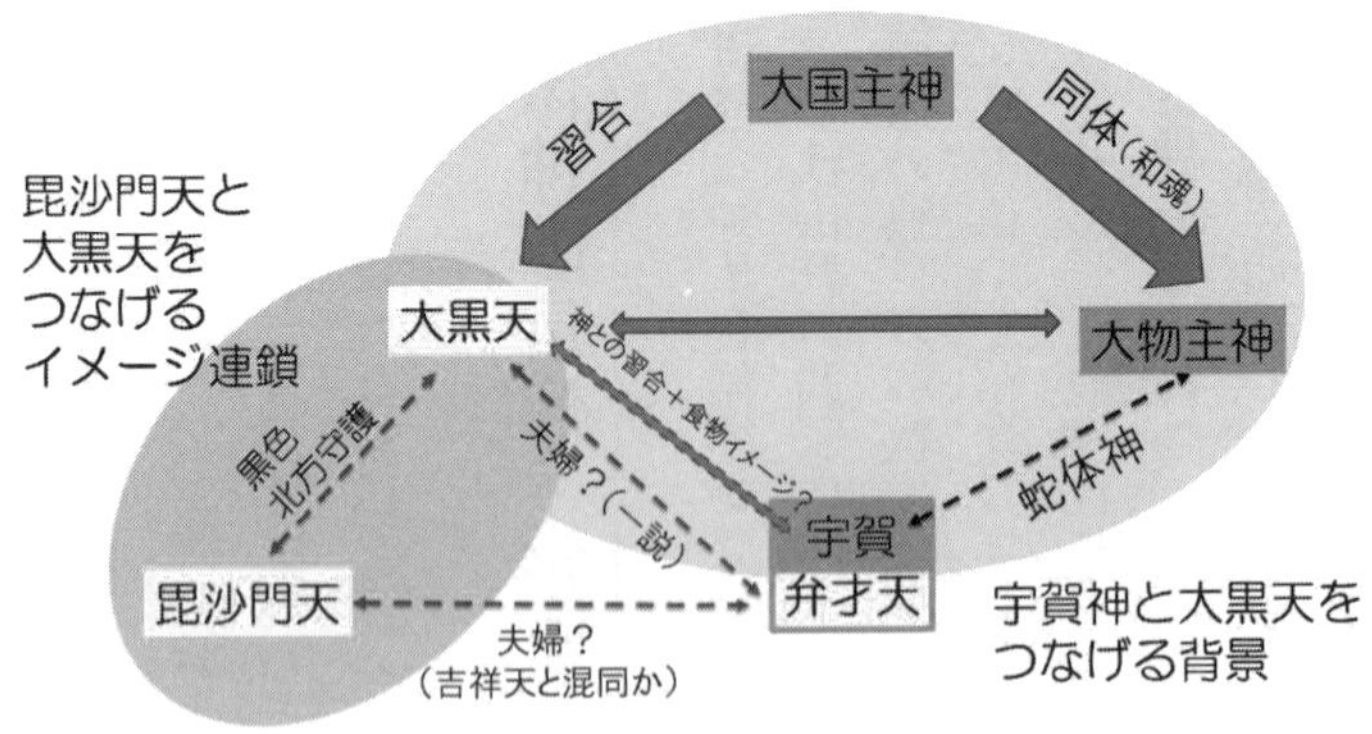

三面大黒天の構造

が顕現したとされる蛇体と、川の神を源流とする弁才天が合体変形してできた、日本独自の神仏習合神です。その霊験が伝わって、のちに広島の厳島神社、神奈川の江島神社などに分霊され、弁財天信仰がどんどん広まります。

大黒天の習合と三面大黒天

第1章でご紹介したように、大黒天は神仏習合によって出雲、三輪、日吉の神と一体化していきます。さらに「**三面大黒天**」という合体神が登場します。これは、大黒天、宇賀弁財天、毘沙門天が一体となった不思議な形態をしています。発祥はいつなのか不明ですが、中世のころとされます。比叡山延暦寺の大黒堂は三面大黒天を祀っています。秀吉が護持仏として信仰し関白まで出世したことから「三面出世大黒天」として今も参拝者が絶えません。

なぜこの三体なのかという理由は不明ですが、大黒天と習合した三輪の神は蛇体とされ、宇賀弁財天と蛇でイメージがつながった可能性はありそうです。また、毘沙門天は北方の守護神で、象徴する色は黒とされます。いっぽう大黒天はネズミが守護獣で（稲荷神に対するキツネのような関係です）、十二支の子《ね》は北の方角に当たることから、北、黒、といったイメージがつながります。

戦国武将が頼った修験道の独自神

鎌倉後期から室町時代になると、各地の山々では、修験道が盛んになり、山伏たちが闊歩します。長野県の飯縄山で飯縄権現が登場。五仏合体の強烈な姿をしています。くちばしがあり、翼を持つ姿はカラス天狗の親玉。山を駆け回る修験道の行者に絶大な信仰を集め、また修験者を頼りにした戦国武将が篤く信仰しました。飯縄山は、隣の戸隠山との間で修験道寺院の勢力争いがあり、より強力な神仏を祈り出したと言ってもよいでしょう。

東京・八王子の高尾山も飯縄権現を祀る寺院ですが、ここは、北隣の八王子城との間に甲州街道を挟んでおり、街道を見下ろす要衝でした。戦国時代はここが関東攻めの要となっており、八王子城の戦いは凄惨を極めました。こうした、力を必要とする場所は文字通り**パワースポット**として、強力な神仏を置いたのでした。

京の都では、愛宕山修験道から馬に乗った勇壮な姿の勝軍地蔵が登場。戦国武将に篤く信仰されました。愛宕山の祭神・**愛宕権現**は、本地仏が地蔵菩薩とされていました。虫も殺さないような穏やかなお地蔵さまが、いつのまにか武装形となり戦に駆り出されることになります。

これもやはり、仏像を「呪いの装置」として活用した例になるでしょう。天平のころとちがうのは、**念持仏**[註22]として持ち歩いたという点です。武将たちは各地を転戦しますから、居室に置いたり、小さいものなら肌身離さず持ち歩いたりできるほうが便利だったことは容易に想像できます。激しい山岳修行で超人的な力を身に付けるという修験道。武将たちはその神秘性と力強さにあこがれて、今までにない怪異神をこぞって自分の護持仏としました。

註22　個人が拝むための小さなサイズの仏像のことで、大きさはだいたい40～50センチ程度のものが主流、小さいものでは数センチのものもある。これを厨子に入れて礼拝する。

室町から戦国の時代は、信仰の世界も混沌としていたようです。戦に勝つために、今までにない強力な神仏を求めたのだと思います。新たな「教祖さま」が新興宗教を立ち上げ、秘教、邪教が生まれては消えます。有名なものは**真言立川流**で、ドクロを中心に密教尊像を用い、密教的な呪術とセックスの昂揚をないまぜにした儀式を行いました。

江戸、宗教のレジャー化と寺の役所化

時代は下って徳川幕府の世の中。民衆にすっかり仏教が広まると、お地蔵さんの信仰や、道の端の**道祖神**、**庚申塔**など街の要となる場所に素朴な石仏が置かれます。

また、押さえておきたいのは、「仏像のレジャー化」です。現代のように寺社が行楽地として流行するのは江戸時代からと言われます。『観光都市　江戸の誕生』（安藤雄一郎著、新潮新書）によると、「お伊勢参り」は年間100万人が出かけたと言われます。神社詣はその現地へ赴く旅行になりますが、仏像の方は向こうから来てくれます。これが**出開帳**というもので、江戸では両国の**回向院**がそ

の会場の代表的な寺になりました。京都・清凉寺の如来像など各地の名仏像が回向院に安置され、それを拝みに江戸や近郊の観光客が押し寄せたそうです。もっとも賑わった出開帳は、長野の善光寺の本尊でしょう。安藤氏の著書では、幕臣・太田南畝の話として、この出開帳で両国橋を渡った人数を一日あたり26万7300人[註23]と見積もったことを紹介しています。

このほか、浅草寺の本尊も江戸時代にはのべ30回以上も公開されたそうで、回向院と浅草寺が二大仏像レジャースポットになりました。善光寺も浅草寺も、本尊は今では絶対秘仏とされますが、この時代は見られたのでした。ちょっとうらやましいですね。

こうした流行は、信心も少しはあったと思いますが、それ以上に遊びに出かける口実となっていたことは容易に想像できます。神社や寺の門前は観光帰りの客を狙って茶屋、土産屋ができ、遊郭も発達し、門前町を構成しました。

真言立川流などの新興宗教は江戸の初期には途絶え、「教科書通り」の仏教界が、徳川幕府の管理下に置かれます。これが寺請制度として定着し、つまり、民衆の戸籍管理など役所の代わりのような役目をします。このへんから現代の葬式仏教につながる役割が定着していきます。

註23　ちなみに、平成21年（2009）の「国宝・阿修羅展」は2か月間で94万人。

幕府のおかげで寺が増えたので仏像造りも盛んでしたが、慶派の台頭以降は慶派の様式を守ることが主軸とされ、美術的に大きな変革はありませんでした。いっぽうで、**円空**や**木喰**といった、僧による自由な造像は注目に値し、今も熱狂的なファンが多いですが、一代限りの作なので歴史のうえで大きな潮流にはなっていません。その代わり、庚申塔などの石仏は地域ごとに独自の作風が見られ、民俗学の側面からプロアマ問わず広く研究対象になっています。

明治　神仏習合思想の終焉

幕府が倒され明治政府がおこると、日本の仏像史を揺るがす大事件が起きます。

新政府は、宗教政策を全面的に見直し、天皇を中心とした国家神道を中心にして、これまでの神仏習合文化を禁止[註24]しました。これが「**神仏分離**」です。とくに修験道は廃止（その後復活）、「なんとか権現」という呼称は廃止され、どれも『日本書紀』にある「なんとかのミコト」に変更させられました。これのおかげで、神社の歴史ががらりと塗り替えられ、祭神が変わったことから、もともと

註24　慶応4年（1868）太政官布告によって神仏混淆を禁止（神仏判然令）。

祀られていた祭神の性格が分からなくなってしまっています。

神社は、境内にある寺が管理するのが通例でした（**別当寺**と言う）が、これが不要になり、神社と寺が分離、ひどい時には寺は廃絶、これで「寺は不要」「徳川についていた寺憎し、仏像憎し」という潮流が生まれ、各地で仏像が壊されることになります。これが「**廃仏毀釈**」です。薩摩など新政府側の地域はこれがひどかったようです。

ところが、近年になって、廃仏毀釈の激しかった地域でも、当時の人がこっそりと仏像を隠し、破壊から守ったという例も発見されるようになりました。いわゆる「開かずの扉」が開けられたり、神社の隠し扉に仏像が隠されてあった、というような事例が続々と見つかっています。廃仏毀釈の研究は、まさに今いろいろな研究者によって進められているところです。

仏像を勉強するとき、明治の神仏分離は非常に重く大きなテーマで、避けて通れない重大な問題です。これはまた今後勉強していきたいと思います。

仏像が家族になる

仏教が庶民にまで浸透するのが江戸時代、すると、ますます自由な解釈と信仰のかたちが生まれます。村の境界に置かれる道祖神や庚申塔など、民俗文化の領域で研究されています。

それよりも、興味深いのは、庶民と仏さまの距離が近くなったことで、家族やお友達のような接し方をするかたちが見られます。

滋賀県長浜市の**安念寺**に残る仏像群は、どれもかろうじて形が判別できるくらいまでボロボロになっていて、通称「いも観音」と呼ばれています。この地域は村による自治が発達した地域で（**惣村**と言います）、大寺院が廃絶してもそこの仏像は村人によって守られました。戦火の中でも、村の家族である仏像は命がけで守られ現代に伝わっています。今では国の重要文化財です。

そんな感動的な話もありますが、現地の人の話では、戦後間もないころ、子供たちが琵琶湖で泳いで遊ぶときにこの仏像を浮かべて「ビート版のように遊んでいた」とのことです。文化財指定された今では考えられないことですが、それだ

いも観音　安念寺 蔵

け人の暮らしと仏像が近かったというよい例だと思います。

民俗学者・**柳田國男**氏が記録した物語にも、こんな話があります。子供たちがお寺の本尊を持ち出して遊んでいたところ、大人に叱られた。しかし、叱った大人のほうが祟りを受けたというもの。仏像は子供と遊ぶのが好きだったのです。

古い江戸の小唄にも、釈迦の生誕を祝う「花祭り」で、赤ん坊の姿をした釈迦誕生仏を「なぜにお前は丸裸、賽銭箱にけっつまづいて、甘茶の中へと落っこった」と、茶化している楽しい歌詞があります。

どれも、教科書通りの仏教だけ勉強していては気づかない、庶民と仏像のほほえましいエピソードです。

巨大仏の時代

文明の発展で、仏像にも新しい潮流ができました。それがコンクリート大仏です。

昭和11年（1936）、群馬県高崎市に鉄筋コンクリート造の「**高崎白衣大観音**」が造られたのが初期の例です。高さ41・8メートル、内部は9層になっていてたくさんの仏像が祀られています。実業家の井上保三郎氏の発願で、のちに慈眼院に移りました。

神奈川県鎌倉市の「**大船観音**」は、地元有志によって昭和初期に発願されましたが、完成したのは戦後です。昭和34年（1959）には、千葉県富津市に、材木問屋であった宇佐美政衛氏の発願で「**東京湾大観音**」が完成します。そのほか全国的に地元の篤志家によって数十メートル級の大仏ができました。

こうした大仏の発願理由は、多くが戦没者の慰霊です。昭和初期には軍隊の慰霊（大船観音は計画当初は護国の祈りがあったそうですが、戦後に慰霊目的で完成）、第二次大戦後は原爆など戦争の犠牲者全体の霊を慰めるものでした。

銅像では、東京都板橋区の乗蓮寺の「**東京大仏**」は昭和52年（1977）の完成で、江戸期から第二次大戦までの戦没者を慰霊する目的。高さ120メートルを誇る茨城県牛久市の「**牛久大仏**」は浄土真宗東本願寺の霊園に建立されました。

激動の昭和の悲惨な歴史を背景に、技術の発展で個人でも（お金さえあれば）大仏を造立できる時代になりました。全国にたくさんの大仏が造られ、硬軟とりまぜて「大仏本」が出版され、今では仏像研究の一ジャンルを占めています。

平成の不景気でいったん収まったようにも見えましたが、平成26年（2014）名古屋の興正寺の「**平成大仏**」、また東京都日の出町・宝光寺の「**鹿野大仏**」が平成30年（2018）に公開されニュースになるなど、新しい大仏が登場しています。平成末期、不穏な時代にはやはり仏像が必要とされるようです。

楽しむための仏像

時は下って平成の世の中、パワースポットブームで神社仏閣めぐりはふつうの趣味になります。

また、仏像への接し方も、マニアだけでなく一般人が楽しむものになってきました。それは観光旅行だけではありません。

平成23年（2011）、株式会社MORITAが、**イＳ《ス》ム**というブランドを起ち上げ、精巧な仏像フィギュアを制作しました。これは、「**インテリア仏像**」というコンセプトで売り出され、信仰とは別の用途でリビングルームに置いて楽しむ仏像として造られたものです。

フィギュア制作の大手、海洋堂も、仏像フィギュア「**リボルテック仏像**」を制

仏像ソングアルバム
『Ash-La La La』
宮澤やすみ and The Buttz
（ザ・ブッツ）

作。これは、関節が自由に曲げられて、好きなポーズをつけられるという特徴があります。ウルトラマンや仮面ライダーのフィギュアと同様に、カッコいいポーズをつけて飾るのです。恐ろしい明王のフィギュアは、怪獣と同列に語られるものです。

僭越ながら私も、音楽活動の一環で**仏像ソング**を制作し、阿修羅の悲哀を歌ったバラード「Ash-La La La」や、秘仏開帳の日程を歌詞に盛り込んだ「ご開帳ブルース」などを歌っています。イベントでは、仏像や寺めぐりに接していない人でも、ライブで盛り上がります。

「呪」は「祝」へ

　こうした動きは、まさに宗教観の多様化によるもので、信仰に熱心な人がいるいっぽうで、仏像を、信仰から離れた立場から「カワイイ」「カッコいい」という側面から楽しむ人がいるわけです。

　こうした動きが顕著になったのは、平成初期、みうらじゅん&いとうせいこう共著の『**見仏記**』（中央公論社）あたりからと思われます。さらに、私がインターネットで仏像ファンサイト「**日仏会**《にちぶつかい》（日本の仏像を愛する会）」を開設したのが平成8年（1996）で、『見仏記』の時期と重なります。全国の仏像ファンが交流できるようにし、京都や奈良でオフ会をしました。今でこそ仏像WEBサイトはたくさんありますが、私の日仏会がその走りであると自負しています。

　仏像の表現はよくも悪くも宗教を離れてグッズ化します。みうらじゅん制作の「つっこみ如来」をはじめ、日仏会の仏像Tシャツ、現在では博物館の特別展でクスッと笑うようなユーモア仏像グッズが販売されるのは当たり前の光景になりました。

ところで、漢字の語源を調べると「呪」という文字は、人が祈りの言葉を唱えるという意味があるそうです。呪術の言葉全般から派生して、神への祝詞の意味合いで「祝」の字ができました。二つの文字は、祈りの方向が正反対であっても、人の念を神仏に届けるという意味合いは共通しています。仏像に関しても、古代の「呪」が平成には「祝」へと転じているようですが、その差はあまりないのかもしれません。

欽明天皇の言葉をかみしめる

ここまで、神や仏に仕える神職や僧侶という「宗教のプロ」は別にして、在家の人、つまり天皇から公家、武家、庶民という、一般の人たちが神仏とどう接してどう利用してきたかを見てきました。

昭和から平成にかけて、仏像を趣味として楽しむ人が増えてきたとの声もありますが、正確に言うと、もともと仏像をカッコいいと愛でる文化は、古代からあったと思います。

本書の第2章で、最初にご紹介した言葉を思い出してください。『日本書紀』

仏教公伝の項で、仏像を見た欽明天皇は「仏の相貌端厳《かおきらぎら》し」という言葉を残しました。日本の仏像史の最初から、仏像のきれいな顔を愛でていたのです。現代の仏像ファンと欽明天皇の気持ちと、それほど隔たりはないように思いますがいかがでしょうか。

また、第1章で紹介したように、吉祥天に恋をした修行者のエピソードなどもあります。

お行儀のよい、教科書通りの信仰にまぎれて、昔の人も心の中で仏像を楽しんで（あるいは恋をして）いた人はいたはずですが、それをおおっぴらに、しかも庶民が言えるようになったというのが、昨今の仏像ブームではないかと思います。「今まで言えなかったけど、じつは仏像が好き」と胸を張って言える世の中になったのです。賛否ある話題であり、拝観マナーの周知などクリアすべき課題はあると思います。

このように、仏像をめぐる状況は変わっていきます。そこには、人々の思い、煩悩、呪いなどの思惑が隠れています。奈良の大仏にも造る意味がありましたし、リビングルームに飾る仏像であっても、その仏像に何か感じるものがあったから飾るのでしょう。きっと「明日の会議うまくいきますように」というような現世利益をこっそりと祈っているのではないでしょうか。一方、人気のパワースポットにご利益目当ての人々が大挙して、パワーどころか「ボンノウスポット」と化してしまう過熱ぶりは、まるで末法に怯え仏像にすがる平安貴族を見るようで、ちょっと滑稽にも見えます。

長い歴史のなかで、人間の行動や思いは、そんなに変わっていないようです。人間の弱さ、心の闇に応えてきたのが仏像です。

本書は「仏像の光と闇」というテーマで進めてきましたが、光も闇も、結局は人間の心の方にあるのだ、ということですね。

この先、この国の未来が明るいか暗いか、それによって仏像はどのような変化を見せるでしょうか。未来の仏像の動向も見逃せません。

おわりに

庵野秀明監督の映画『シン・ゴジラ』を見ると、いつも「これが平安時代だったら当時の人はどうしただろう」と思います。貴族たちは災いを悼む和歌を詠み、ゴジラを神として祀る神社ができ、密教僧は特別な調伏修法を行うことでしょう。そして新たに仏像も造られたはずです。

映画は日本では大ヒットしましたが、海外ではそこまでいかなかったそうです。アメリカが武力で殲滅しようとするところを、日本人は荒ぶる神・ゴジラを鎮めることで「完全に沈黙」(映画での印象的なセリフ)させた。そのへんが日本人には共感できたのでしょう。まるで破壊の神・大黒天を祀って福神にしたように、ゴジラもいったん鎮めて、その先はしたたかに利益を享受するのかも、と勝手な想像をふくらませてしまいます(映画ではそこまで描かれません)。

ともあれ映画の大ヒットは、昔から日本人の心根にあった素朴な信仰心を呼び覚まさせたようにも思えました。不安の多い時代に、何かにすがりたくなるのは昔も今も変わりません。現代も、度重なる災害を機に、個々の生き方のみならず信仰の面でも再認識の動きがあったと思います。この先どうなるか、もう少し観察していきたいところです。

この本の構想は、当時日本大学国際関係学部教授をされていた鈴木哲先生の講義が発端です。その後、鈴木先生には公私ともに大変お世話になりました。

本書のもとになった講義を２０１４年から早稲田大学エクステンションセンターで行っていますが、その講座内容の相談に親身に乗ってくださった正木香子さんをはじめ、運営尽力いただいた大学スタッフの皆様にお力添えいただきました。

本書制作に尽力いただいた編集企画ＣＡＴ《シーエーティー》さんにもお世話になりました。

各地の寺院、博物館の皆様には、日ごろの取材で多くを教わり、写真協力にも応じていただきました。なかでも高月観音の里歴史民俗資料館の佐々木悦也副参事、三井記念美術館の清水眞澄館長、海老澤るりは様には、お忙しい中多大なご尽力を賜りました。多くの方々の助けで、この本が完成しました。すべての方々に深く感謝申し上げます。

平成31年正月

宮澤やすみ

写真協力、画像提供（順不同、敬称略）

東大寺
願成就院
浄瑠璃寺
三井記念美術館
東寺
宝厳寺
東京国立博物館
興福寺
唐招提寺
宮城県図書館
観音寺
聖林寺
弘明寺
海住山寺
清水寺（長野県）
仏谷寺
平等院
大円寺
東慶寺
勝覚寺
安念寺
円覚寺
奈良文化財研究所
共同通信社
アマナイメージズ
株式会社ＭＯＲＩＴＡ
株式会社便利堂
佐々木悦也
帆足てるたか
宮澤やすみ（41頁、60頁、１２５頁、１５２頁、１６０頁、１６１頁、１９８頁、２０１頁、２０３頁、２０７頁）

参考文献

小松和彦『日本の呪い』光文社
武光誠『たけみつ教授の密教と呪術が動かした日本史』リイド社
田中恆清 監修『八幡大神』戎光祥出版
水野敬三郎『カラー版 日本仏像史』美術出版社
山本勉『仏像：日本仏像史講義』平凡社
玄奘ほか訳『薬師瑠璃光如来本願功徳経』
中田祝夫『日本霊異記（中）』講談社
佐佐木信綱　校訂『新訂 梁塵秘抄』岩波書店
安藤優一郎『観光都市　江戸の誕生』新潮社
柳田國男『遠野物語・山の人生』岩波書店
五来重『仏教と民俗―仏教民俗学入門』KADOKAWA
『神仏習合の本』学研プラス
『日本書紀：国宝北野本・第19』貴重図書複製会編
井上一稔「奈良国立博物館蔵十一面観音檀像について」『鹿園雑集』平成11年3月　創刊号
長岡龍作「悔過と仏像」『鹿園雑集』平成18年3月　第8号

鍵和田聖子「大日即弥陀思想の事相的研究」『龍谷大学大学院文学研究科紀要』第30号
東北歴史博物館・日本経済新聞社編『東大寺と東北―復興を支えた人々の祈り』日本経済新聞社
三井記念美術館ほか編『奈良西大寺展―叡尊と一門の名宝』日本経済新聞社
奈良国立博物館編『特別展　快慶―日本人を魅了した仏のかたち』奈良国立博物館・読売新聞社・読売テレビ
東京国立博物館ほか編『「空海と密教美術」展』読売新聞社・NHK・NHKプロモーション
東京国立博物館ほか編『興福寺中金堂再建記念特別展　運慶』朝日新聞社・テレビ朝日
『竹生島―湖に浮かぶ神の島』竹生島奉賛会
『立山の明治維新―継承、そして創造』富山県立山博物館

鉈彫《なたぼり》……151, 156
難波京《なにわきょう》……114
南都仏師《なんとぶっし》……186
南都焼討《なんとやきうち》……185, 193
和魂《にぎみたま》……136
日仏会《にちぶつかい》……225
日光菩薩《にっこうぼさつ》……26, 27
瓊瓊杵尊《ににぎのみこと》……58
日本霊異記《にほんれいいき》……41
如意輪観音菩薩《にょいりんかんのんぼさつ》……26
如来《にょらい》……21, 22, 23, 24, 25, 26, 31, 32, 35, 54, 72, 88, 124, 159, 177, 204
忍性《にんしょう》……197
念持仏《ねんじぶつ》……214

は

廃仏毀釈《はいぶつきしゃく》……218
白村江の戦い《はくすきのえのたたかい》……79, 80, 81, 83, 207
白鳳時代《はくほうじだい》……78, 85, 86, 92, 162
箱根権現《はこねごんげん》……58
箱根神社《はこねじんじゃ》……58
八幡大菩薩《はちまんだいぼさつ》……117
八所御霊神社《はっしょごりょうじんじゃ》……131
馬頭観音菩薩《ばとうかんのんぼさつ》……25
パワースポット《ぱわーすぽっと》……214, 228
半跏思惟《はんかしゆい》……77, 78
彦火火出見尊《ひこほほでみのみこと》……59
平等院鳳凰堂《びょうどういんほうおうどう》……169, 170
毘盧遮那如来《びるしゃなにょらい》……24, 94, 114, 140, 201
不空羂索観音《ふくうけんじゃくかんのん》……25, 32, 33, 34, 66, 84, 94, 95, 103, 104, 127
福泉寺《ふくせんじ》……197
普賢菩薩《ふげんぼさつ》……26
葛井寺《ふじいでら》……124, 127
伏見稲荷《ふしみいなり》……145, 146
藤原京《ふじわらきょう》……85, 86, 88, 90, 91, 92
藤原仲麻呂《ふじわらのなかまろ》……119, 120, 129
藤原広嗣《ふじわらのひろつぐ》……32, 34, 103, 109, 112
藤原不比等《ふじわらのふひと》……104, 122
藤原道長《ふじわらのみちなが》……169, 175
藤原頼通《ふじわらのよりみち》……169, 170
藤原四兄弟《ふじわらよんきょうだい》……105
仏像ソング《ぶつぞうそんぐ》……224
仏頭《ぶっとう》……86, 87, 88, 90
不動明王《ふどうみょうおう》……45, 46, 47, 50, 190
平治の乱《へいじのらん》……182
平成大仏《へいせいだいぶつ》……223
別当寺《べっとうじ》……218
弁才天《べんざいてん》……40, 44, 59, 61, 212
宝冠釈迦如来《ほうかんしゃかにょらい》……201
保元の乱《ほうげんのらん》……182, 193
法興寺《ほうこうじ》(飛鳥寺《あすかでら》)……70, 85
法金剛院《ほうこんごういん》……187
法成寺《ほうじょうじ》……175
北条時宗《ほうじょうときむね》……207
法身《ほっしん》……200
本地垂迹説《ほんじすいじゃくせつ》……57
本地仏《ほんじぶつ》……56, 57, 58, 122, 124, 214
梵天《ぼんてん》……37, 127, 128, 132
法然《ほうねん》……168

清凉寺《せいりょうじ》…… 197, 216
施無畏印《せむいいん》…… 23
善國寺《ぜんこくじ》…… 70
千手観音菩薩《せんじゅかんのんぼさつ》…… 25, 97, 123
千体千手観音《せんたいせんじゅかんのん》…… 177
惣村《そうそん》…… 219
増長天《ぞうちょうてん》…… 36
宋風《そうふう》…… 204
蘇我氏《そがし》…… 69, 85, 102
蘇我倉山田石川麻呂《そがのくらやまだのいしかわまろ》…… 89

た

大威徳明王《だいいとくみょうおう》…… 50
大円寺《だいえんじ》…… 197, 198, 199, 231
大化の改新《たいかのかいしん》…… 79, 80, 89
大元帥明王《だいげんすいみょうおう》…… 52, 132
大元明王《たいげんみょうおう》…… 52
大黒天《だいこくてん》…… 44, 62, 63, 64, 136, 212, 213, 229
醍醐寺三宝院《だいごじさんぼういん》…… 178
帝釈天《たいしゃくてん》…… 37, 38, 39, 43, 127, 132, 148, 149
大日即弥陀思想《だいにちそくみだしそう》…… 199, 200
大日如来《だいにちにょらい》…… 24, 57, 199, 200, 201
大仏造立《だいぶつぞうりゅう》…… 109, 114, 117
平重衡《たいらのしげひら》…… 89, 185
高崎白衣大観音《たかさきびゃくえだいかんのん》…… 221
託宣《たくせん》…… 116, 119, 121
大宰府《だざいふ》…… 83
脱活乾漆《だっかつかんしつ》…… 97
手向山八幡宮《たむけやまはちまんぐう》…… 117
多聞天《たもんてん》…… 36
檀像《だんぞう》…… 154, 155, 156
中生《ちゅうじょう》…… 174, 176
中品《ちゅうぼん》…… 174, 176
重源《ちょうげん》…… 191, 193
朝護孫子寺《ちょうごそんしじ》…… 70
調伏《ちょうぶく》…… 34, 45, 53
勅封薬師如来《ちょくふうやくしにょらい》…… 201
朕以薄徳《ちんいはくとく》…… 110
鎮魂観念《ちんこんかんねん》…… 135, 194
出開帳《でがいちょう》…… 215, 216
天智天皇《てんじてんのう》…… 80, 83, 86
天燈鬼《てんとうき》…… 195
道鏡《どうきょう》…… 119, 120, 121
天武天皇《てんむてんのう》…… 79, 86, 88, 89, 90, 91, 104
東京大仏《とうきょうだいぶつ》…… 222
東京湾大観音《とうきょうわんだいかんのん》…… 222
東慶寺《とうけいじ》…… 202, 203, 231
道元《どうげん》…… 205
唐招提寺《とうしょうだいじ》…… 94, 96, 97, 98, 123, 231
道祖神《どうそしん》…… 215, 219
東大寺二月堂《とうだいじにがつどう》…… 108
東大寺法華堂《とうだいじほっけどう》…… 32, 94, 103, 128
道理思想《どうりしそう》…… 184, 195, 196
止利様式《とりようしき》…… 74, 76, 77, 81, 82
屠類《とるい》…… 179

な

中臣鎌足《なかとみのかまたり》…… 80, 89
中大兄皇子《なかのおおえのおうじ》…… 80, 89, 90
長屋王の変《ながやおうのへん》…… 104, 105, 106, 109

蠱毒《こどく》 …… 105, 106, 139
木花咲耶姫命《このはなさくやひめのみこと》 …… 59
御霊会《ごりょうえ》 …… 135
御霊神社《ごりょうじんじゃ》 …… 133, 135
欣求浄土《ごんぐじょうど》 …… 168
権現《ごんげん》 …… 54, 56, 57, 58, 59
金光明最勝王経《こんこうみょうさいしょうおうきょう》 …… 100, 140, 208
金剛夜叉明王《こんごうやしゃみょうおう》 …… 50

さ

罪業意識《ざいごういしき》 …… 180, 184
西大寺《さいだいじ》 …… 197
最澄《さいちょう》 …… 138
斉明天皇《さいめいてんのう》 …… 80, 83
蔵王権現《ざおうごんげん》 …… 54, 55, 56, 57, 211
坂上田村麻呂《さかのうえたむらまろ》 …… 31
早良親王《さわらしんのう》 …… 130, 131, 134, 142, 143
三十三間堂《さんじゅうさんげんどう》 …… 177, 187
三面大黒天《さんめんだいこくてん》 …… 212, 213
四王寺《しおうじ》 …… 85
紫香楽宮《しがらきのみや》 …… 112, 114, 115
持国天《じこくてん》 …… 36
地蔵菩薩《じぞうぼさつ》 …… 26, 178, 214
四天王《してんのう》 …… 36, 37, 69, 70, 85, 100, 101, 102, 127, 191, 206, 208
持統天皇《じとうてんのう》 …… 89, 90, 91
釈迦如来《しゃかにょらい》 …… 23, 31, 55, 75, 191, 197, 201
十一面観音菩薩《じゅういちめんかんのんぼさつ》 …… 25, 43, 107, 125, 126, 151, 152, 155, 158, 173
修験道《しゅげんどう》 …… 54, 55, 57, 213, 214, 217
呪術宗教《じゅじゅつしゅうきょう》 …… 47
須弥山《しゅみせん》 …… 36, 37
勝覚寺《しょうかくじ》 …… 206, 207, 231
常行阿弥陀如来《じょうぎょうあみだにょらい》 …… 201
准胝観音菩薩《じゅんていかんのんぼさつ》 …… 26
勝軍地蔵《しょうぐんじぞう》 …… 57, 214
定慶《じょうけい》 …… 195
上生《じょうしょう》 …… 174, 176
定朝《じょうちょう》 …… 171, 172, 174, 177, 187
聖天《しょうてん》 …… 42
聖徳太子《しょうとくたいし》 …… 69, 72, 73, 75, 80, 100, 101, 102
称徳天皇《しょうとくてんのう》 …… 120, 121
上品《じょうぼん》 …… 174, 176
聖武天皇《しょうむてんのう》 …… 31, 104, 105, 108, 109, 110, 112, 114, 115, 119
浄楽寺《じょうらくじ》 …… 190
聖林寺《しょうりんじ》 …… 124, 126, 156, 231
浄瑠璃寺《じょうるりじ》 …… 40, 41, 175, 176, 231
真言立川流《しんごんたちかわりゅう》 …… 215, 216
壬申の乱《じんしんのらん》 …… 79, 86, 90
神像《しんぞう》 …… 156, 201, 210
深大寺《じんだいじ》 …… 88
神仏分離《しんぶつぶんり》 …… 217, 218
親鸞《しんらん》 …… 168
新薬師寺《しんやくしじ》 …… 108, 159
垂迹神《すいじゃくしん》 …… 57
崇道天皇《すどうてんのう》 …… 134
崇徳上皇《すとくじょうこう》 …… 182, 193
勢至菩薩《せいしぼさつ》 …… 26

渦文《かもん》 159, 160, 162, 172
歓喜天《かんぎてん》 42, 43, 44, 144
願成就院《がんじょうじゅいん》 36, 46, 188, 189, 190, 231
観世音寺《かんぜおんじ》 83, 84, 103
観想念仏《かんそうねんぶつ》 169, 172, 178
感得《かんとく》 57, 58, 61, 211
観音経《かんのんきょう》 30
観音寺《かんのんじ》 124, 125, 156, 231
観音菩薩《かんのんぼさつ》 25, 26, 28, 29, 30, 32, 57, 58, 66, 72, 101, 102, 103, 123, 140, 157, 210
桓武天皇《かんむてんのう》 129, 130, 131, 133
伎芸天《ぎげいてん》 39, 132
吉祥悔過《きっしょうけか》 40
吉祥天《きっしょうてん》 40, 41, 101, 107, 140, 201, 227
行基《ぎょうき》 115
金光明四天王護国之寺《きんこうみょうしてんのうごこくのてら》 100, 111
金峯山寺《きんぷせんじ》 54, 56
欽明天皇《きんめいてんのう》 67, 226, 227
孔雀明王《くじゃくみょうおう》 52
救世観音《くせかんのん(ぐぜかんのん)》 72, 73
九体阿弥陀《くたいあみだ》 174, 175, 176
百済観音《くだらかんのん》 77, 78, 81
百済王敬福《くだらこにきしきょうふく》 117, 118
恭仁京《くにきょう》 112, 124
国中連公麻呂《くになかのむらじきみまろ》 117, 127
紅皮梨色阿弥陀如来《ぐはりじきあみだにょらい》 200
九品《くほん》 174, 176
弘明寺《ぐみょうじ》 151, 152, 231
軍荼利明王《ぐんだりみょうおう》 49, 50
敬神観念《けいしんかんねん》 135, 194
慶派《けいは》 186, 187, 192, 193, 194, 196, 204, 217
悔過《けか》 107, 108, 140
下生《げしょう》 174, 176
下品《げぼん》 174, 176
元寇《げんこう》 206, 207
現世利益《げんせりやく》 28, 29, 30, 31, 32, 53, 90, 102, 103, 107, 108, 111, 169, 199, 228
見仏記《けんぶつき》 225
向源寺《こうげんじ》 157, 158
孝謙天皇《こうけんてんのう》 119
降三世明王《ごうざんぜみょうおう》 47, 49, 50, 144
庚申塔《こうしんとう》 215, 217, 219
降伏《ごうぶく》 34, 45, 47, 50
興福寺《こうふくじ》 86, 87, 88, 89, 99, 122, 131, 183, 185, 191, 192, 231
康弁《こうべん》 195
弘法大師・空海《こうぼうだいし・くうかい》 47
広目天《こうもくてん》 36, 127
虚空蔵菩薩《こくうぞうぼさつ》 140, 161
国分寺《こくぶんじ》 31, 109, 110, 111, 114
国分寺、国分尼寺建立の詔《こくぶんじ、こくぶんにじこんりゅうのみことのり》 109
極楽寺《ごくらくじ》 197
御斎会《ごさいえ》 140, 141
御七日御修法《ごしちにちのみしほ》 141
後白河天皇《ごしらかわてんのう》 182
五大明王《ごだいみょうおう》 50, 51, 141, 144
国家鎮護《こっかちんご》 28, 30, 34, 84, 85, 100, 101, 103, 117, 140, 141, 142, 185, 191, 207, 208

索引

宮澤やすみ（みやざわ　やすみ）

神仏研究家、音楽家。1969年生まれ。小学生で仏像の魅力に目覚める。立教大学で東洋美術史を学び、IT企業勤務後フリーに。寺社の取材執筆を経て今に至る。2010年からNHK首都圏「こんにちはいっと６けん」「ひるまえほっと」で仏像案内役として出演。その他テレビ、ラジオ出演や講演多数。2014年から早稲田大学エクステンションセンター講師。

小唄の師範でもあり、三味線指導のかたわら、ジャンルを問わず国内外各地のイベントに出演。仏像をテーマにしたオリジナル曲「ご開帳ブルース」などを発表し“歌う神仏研究家”として知られる。

著書は、『仏像にインタビュー』（実業之日本社、電子版：ディスカバー21）、『東京仏像さんぽ』（明治書院）、『はじめての仏像』（河出書房新社）など。CDアルバムに『Ash-La La La』（宮澤やすみ and The Buttz名義）がある。

http://yasumimiyazawa.com/

仏像の光と闇

２０１９年２月25日　第一刷発行

著　者　宮澤やすみ
発行人　出口　汪
発行所　株式会社 水王舎
東京都新宿区西新宿６-15-１
ラ・トゥール新宿５１１　〒１６０-００２３
電話　０３-５９０９-８９２０

本文印刷　光邦
カバー印刷　歩プロセス
製　本　ナショナル製本
ブックデザイン　朝日メディアインターナショナル
編集協力　編集企画ＣＡＴ、織田千佳子
編集統括　瀬戸起彦（水王舎）

 ISBN 978-4-86470-113-6